ニッポン・ノワール2021

日本現代史から読むニュースを読み解く60篇

岡本萬尋

ニッポン・ノワール　２０２１

岡本萬尋

第3部

「戦争と戦後史を見つめる」 167

まえがき　～山の吊り橋、どなたが通る

昭和を代表する歌手の一人、春日八郎に『山の吊り橋』（横井弘作詞）という佳曲がある。日本が高度経済成長に差し掛かる前夜の、１９５９年の作だ。

♪山の吊り橋ァ　どなたが通る
せがれなくした鉄砲撃ちが
話し相手の犬つれて
熊のおやじを　みやげにすると
鉄砲ひとなで　して通る
ホレ　ユーラユラ……

戦後歌謡史でも出色の作品だ。まるで山深い渓谷にかかる吊り橋に固定カメラを据えるように、そこを渡っていく様々な人間模様を見つめる。集団就職なのだろうか、遠い都会に旅立った恋しい人をしのんで、瀬音にそっと涙をぬぐう村娘や、呑兵衛の炭焼きが月明かりに足許を照らされながら背中を丸めて帰っていく様子など、時代の変化に洗われていただろう山里の姿が切なく、しかし情感豊かに描かれる。この一曲で、時代の見事な民俗誌となっている。

2015年春、月刊誌『紙の爆弾』編集部から時事コラム連載のお話を頂いたとき、真っ先に頭に浮かんだのがこの歌だった。山の吊り橋ならぬ21世紀の日本社会に1台の固定カメラを向けて、そこに立ち現れる群像や紡がれる喜怒哀楽、理不尽や不可解を観察、記録していこう。何年かして振り返ったとき、どんな時代であったかを探る、よすがになるかもしれない――。

あれから6年近く、ひとまず定点観測の記録をお届けする。筆者が時代の優れた観察者であったかは読者の判断にお任せするが、この間、「1強」と称された歴代最長政権が遂に終焉を迎え、今、未曾有の感染症に見舞われている。日本という吊り橋は時に大きく揺れ、時に深い霧に包まれ、時に薄日も射した。そして、どんな人物が、どのような立ち居振る舞いでこの橋を渡っていったのか、よく見てほしい。本書は、その記録である。

『山の吊り橋』が3番まであるように、本書も3つの視点からなる。

まず永田町政治。安倍政権下、特定秘密保護法や安保法制、共謀罪など戦後の国のかたちを根本から変えるような法律が次々と強行される一方、森友・加計・桜を見る会問題など権力の私物化が一層進み、その果てに新型コロナ対策の迷走があった。

もちろん永田町を凝視するだけでは、この国の有り様は見えてこない。第2部は原発や沖縄、公共交通や巨大開発など地域の課題を見つめ、第3部では先の戦争と戦後史の様々な断面から現代の出来事を捉え直すコラム群を編んだ。「地域」と「現代史」という奥行きを持たせることで、吊り橋を渡る時代の貌《かたち》がおぼろげながら浮かび上がればと願う。

その時々のリアルを感じて頂けたらと考え、60編のコラムの記述は最低限の修正を除いて雑誌掲載時のままとし、その後の状況の変化を文末に追記した。登場人物の肩書きも掲載時のもので、必要に応じて敬称を略させて頂いている。

また並行してコラムを連載させて頂いている郷里・高知の地域誌『季刊高知』からも転載のお許しを頂戴し、第2部に5編を収録した。

掲載順でも、ご関心のある項目からお読み頂いても構わない。ほら、日本という吊り橋を、また誰かが渡っていく。♪ホレ　ユーラユラ……。

初出：月刊『紙の爆弾』連載コラム「ニュースノワール」（２０１５年５月号〜）、『季刊高知』連載「コラム西南西」（16年秋号〜）。出典表記のないものは『紙の爆弾』より。

第1部

「政治を見つめる」

鎖につながれた猿　治安維持法と特定秘密保護法

（2015年5月号）

戦後70年となる2015年は、昭和が続いていれば90年。同時に、あまり語られないが治安維持法の制定90年でもある。

国体（皇室）や私有財産制を否定する運動の取り締まりを目的に治安維持法が制定されたのは1925（大正14）年4月。4年後には最高刑が死刑にまで引き上げられ、これに反対した山本宣治代議士が「山宣ひとり孤塁を守る」と叫んで暗殺された事件は、プロレタリア作家・小林多喜二の拷問死と並んで戦前の言論弾圧の象徴として近代史に刻まれている。

これを契機に情報統制と思想・言論抑圧は一気呵成に進んだ。日中戦争開戦の翌月、37（昭和12）年8月に軍事機密の探知・漏えいなどに最高で死刑を科す改正軍機保護法、39年3月に気象情報や鉄道の輸送統計を秘密指定できる軍用資源秘密保護法が公布。41年1月に軍事上の秘密の掲載を禁じた新聞紙等掲載制限令と矢継ぎ早の情報統制が進み、太平洋戦争開戦後の43年2月には出版事業の廃止を命じることのできる出版事業令まで出され、この国の言論の自由は完全に窒息した。

「秘密法は工作員とかテロリスト、スパイを相手にしていますから国民は全く基本的に関係ないんですよ」。安倍首相は総選挙実施が決まった14年11月18日、報道番組で特定秘密保護法についてこう断言した。しかし同法の「運用基準」を検証すれば、首相の弁明が子ども騙しの戯れ言でしかないことは明らかだ。

14年10月に閣議決定された運用基準は、当初の「素案」に比べ27カ所の修正がなされたものの、いずれも小手先の微調整。特定秘密の指定基準の不明確性、ひとたび特定秘密とされれば政府の判断で半永久的に指定され続ける可能性や勝手に廃棄される恐れ、「適性評価」の人権侵害の懸念や、ほとんどが行政組織内に置かれる運用監視機関の権限の弱さなど、制度の根幹を揺るがす数々の問題点は手つかずのままだ。

特定秘密の指定対象は防衛、外交、スパイ防止活動、テロ防止の４分野55項目としたが、その内訳は「米国の軍隊との運用協力に関するもの」「国際社会の平和と安全の確保」「領域の保全のために政府が講ずる措置またはその方針」など雲を摑むような項目がずらりと並び、秘密を指定する政府の恣意的な判断次第で際限なく拡大解釈の余地がある。安倍首相は15年２月４日の衆院予算委員会で「イスラム国」による日本人人質事件をめぐる一部情報も特定秘密に指定される可能性を認めたが、２人の人質を救出できなかった日本政府の対応の詳細が検証されないまま歴史の闇に埋もれる恐れがある。

そして戦前の情報統制・言論抑圧の法律群と同様に、秘密保護法も社会にあまねく監視と処罰の網をかけようとしている。特定秘密を扱う公務員らの漏洩には最高懲役10年、秘密に迫ろうとした記者ら市民も「そそのかし」や「あおりたて」「共謀」とみなされれば同5年。不当な秘密指定を罰する規定はないのに漏らした側には刑法にすらない共謀罪が適用されるのも根本的な矛盾だが、そもそもどの情報が特定秘密に指定されたのかも秘密とされるため、その情報が特定秘密かどうかを知らないまま強く開示を求めた市民が罪に問われるケースもあり得るなど、処罰範囲が歯止めなく広がりかねない。「結社ノ目的遂行ノ為ニスル行為」を実際の結社加入と同等に罰し、「組織ヲ準備スルコトヲ目的」とする結社（準備結社）までも処罰対象とした治安維持法の悪夢が蘇る。さらに秘密保護法には戦前の秘密保全法制下で多くの冤罪者を生んだ、内通者が自首すれば刑を減軽・免除する規定も盛り込まれている。

秘密法は工作員やスパイを相手にしているから国民は関係ない――。首相の弁は、ある一面では間違っていない。正確を期すならば、政府の都合の悪い情報に手を伸ばした「国民」は瞬時にして「工作員」「スパイ」とみなす、と言い換えるべきだろう。「由らしむべし、知らしむべからず」の愚民政治は脈々と続いている。

再び冒頭の山本宣治。厳罰化した治安維持法の国会上程を前に「（反対討論は）喉を絞められて声が出なくなるまでやります。もし私の演説が喉を締められずに終わるようなら、それこそ惨憺たる失敗です」と言って笑ったという。しかし改悪の緊急勅令は国会で反論の機会も与えられず強行採決、山本が右翼の凶刃に斃れたのは衆院承認の夜のことだった。暗殺直前の演説会で、山本の最後の言葉は「猿は鎖につながれて円周を描いている」だったとされる。元生物学者らしい意味深長な表現で、迫り来る言論抑圧の時代を予見してみせたのか。

21世紀の治安維持法とも称すべき特定秘密保護法は14年12月10日、何事もなかったかのように施行され、只中だった総選挙でも議論の俎上にすら上らなかった。現代に「山宣」はおらず、猿たちは鎖につながれていることさえ気付かぬまま円周を描いている。

＊　＊　＊　＊　＊　＊　＊

19年末、安倍政権は特定秘密保護法の適用対象となる行政機関を、それまでの70から28へと減らす政令改正を行なった。法施行から5年を経て特定秘密を保有した実績のない機関を外したとの説明だが、当初の法律がいかに広範囲に網をかけていたかが露呈した格好だ。

また20年6月には、秘密情報がない段階で事前に特定秘密に指定する「あらかじめ指定」について慎重に判断するよう運用基準を見直したものの、安易な指定につながる懸念が払拭されたわけではない。

こうした場当たり的な手直し程度では、運用次第で特定の情報を永久に非公開にでき、チェック役のはずの衆参両院の情報監視審査会や内閣府の独立公文書管理監に運用是正の強制力がないなどの、根本的な法の不備は是正できない。秘密を際限なく広げ、国民の目や耳をふさぎかねないこの法律は、やはり廃止するしかない。

豊穣の危機　ＴＰＰと日米密約の闇（２０１５年６月号）

安倍首相曰く「９合目まで来た」（２０１５年４月20日の日米閣僚協議時の発言）のだという。21分野の市場開放に道を開くＴＰＰ（環太平洋経済連携協定）交渉が大詰めを迎えている。今秋になれば米国が来年の大統領選に向けて選挙モードに突入し、ＴＰＰどころではなくなるとの危機感を背景に、参加12カ国は妥結の場と想定する閣僚会合を５月中に開きたい意向だ。

日程ありきの危うい交渉の中で、最大の焦点である日米協議でも驚くべき妥協が図られようとしている。秘密交渉の分厚いベールの向こうから垣間見えるのは「聖域堅持」の大方針をかなぐり捨てて、譲歩に譲歩を重ねる日本の姿だ。

日本側は安い価格帯の豚肉の関税を、段階的に現在の10分の１近いキロあたり50円まで下げ、牛肉関税も現行の38・５％から９％まで引き下げる提案をしたとされる。さらに「最重要」（甘利明ＴＰＰ担当相）のはずのコメについても、日本側がＭＡ（ミニマムアクセス＝最低輸入機会）の枠外で年間５万トンの主食用米の対米特別枠新設のほか、全交渉国を対象とするものの、実際にはほぼ米国独占を念頭に10万トン弱の輸入特別枠創設まで提起。甘利明担当相は「何が何でも理不尽な妥協をして決着することではない」（4月3日の会見）とするが、対米提案は相当に「何が何でも」の感が強い。しかし米国が突きつけたのは主食用米だけで年17・5万トンの無関税での輸入増という法外な要求であり、日本はさらなる退却戦を強いられかねない。

大幅な関税削減や輸入特別枠の新設は、農産物重要5項目（コメ、麦、牛肉・豚肉、乳製品、砂糖）について「引き続き再生産可能になるよう除外又は再協議の対象とし、10年を超える段階的な関税撤廃も認めない」ことを定めた国会決議に明確に反する。驚愕すべきは甘利担当相が「（重要5項目の）再生産が可能になる道が閉ざされないよう、どこまでがぎりぎりの限界かを手探りで（試算）しながら極力、影響を最小限にする」（2月19日の衆院予算委答弁）と述べたことだ。関税撤廃・削減対象からの除外や再協議扱いにできずとも、何らかの対策で再生産可能と理屈付けできれば国会決議を順守したと主張したい思惑が透けて見える。まさしく論理のすり替えだ。

安倍政権は、日本がTPPに参加すれば農林水産物の生産額が3兆円減少するとの統一試算をすでに発表している。なかでも昨秋以降の米価下落に苦しむコメへの影響は甚大だ。14年からの新たなコメ政策で、安倍政権は主食用米から飼料用米などへの転換を奨励しているが、その一方で米国から主食用米を輸入拡大するのは政策の整合性が全く取れないうえ、米国に特別枠を与えればTPP交渉国のうちコメ輸出国であるベトナムやオーストラリアなどからの輸入圧力が強まり譲歩の連鎖につながる恐れもある。

米国に特別枠を与える背景には日米間で22年前に結ばれたとされる、ある密約の存在が囁かれている。日本政府は現在、毎年77万トンのMA米を買い入れているが、95年の制度開始以来20年間、必ず約半分を米国産が占めてきた経緯がある。現在の輸入数量となった2000年以降、国際価格が高騰した08年度を除き全て36万トン。作柄や為替により他国産米のシェアは年度ごとの変動が大きいが、米国産だけは判で押したように一定だ。国内の米価下落の影響でMA米の落札量が大きく落ち込んだ14年度も、米国産米のシェアは微動だにしなかった。

米国産米の輸入価格はタイ米に比べ8割以上も高い（13年度）。大半が加工や飼料、途上国支援用に安価で振り向けられるMA米で、高額な米国産米を優遇すれば、赤字（累計2778億円）が積み上がるのは必然だが、日本政府は巨額の財政負担を被ってでも米国のコメを買い続ける明確な理由を示していない。特定国に有利な待遇を与えないGATT（関税及び貿易に関する一般協定）の「無差別待遇」原則に反するこの不自然な米国優遇の裏には、93年末に合意した日米コメ交渉でMA米輸入に際して米国産のシェアを保証する密約が結ばれたのではないかとの疑惑が消えない。林芳正農水相は15年3月5日の衆院予算委で「公正な入札の結果決まったもの」と密約の存在を否定したが、両国の交渉当事者は昨年、一部報道機関にシェア保証が議題に上った事実を認め、とくに米側の元交渉官は密約が現在も有効で、日本が違反すれば報復対象になるとの認識すら示している。そしてTPP日米協議で、この密約を下敷きに米国産主食用米の輸入拡大に新たなお墨付きを与えるとすれば、日本政府は二度までも国民を欺くことになる。

5月、早苗の水田に五月晴れの青が映り込む。これから大地はいっそう濃厚な土の香りを放ちながら梅雨曇り、青田波、油照り、草いきれ、台風と季節はめぐり、やがて穂を垂れ黄金色に輝く水田が豊穣の秋を告げる。「農業は国の基《もとい》」。安倍首相は15年2月の施政方針演説でこう明言したが片腹痛い。食料自給率目標をわざわざ下げてまで、その基を崩そうと躍起になっているのは誰か。密約の闇に包まれた際限なき市場原理主義を持ち込んで、日本の農の豊かさを奪おうと血道を上げているのは一体誰なのか。

＊　＊　＊　＊　＊　＊　＊

12カ国のTPPは16年2月に合意に至った（米トランプ政権は17年1月に離脱）。これを皮切りに安倍政権は毎年のように巨大貿易協定を結んだが、その全てが秘密交渉。農業を筆頭に国内産業への影響はなお、はっきりしていない。

中でも異様なのがTPP日米交渉で、両国の交渉責任者だった甘利担当相とフロマン米通商代表部代表とのトップ会談の議事録が一切、残されていないとされる。2年余の交渉期間中、2人だけの会談は計35時間に及び、甘利氏自身が当時「事務方では一定の線から先は踏み出せない。大臣同士でやるしかない」と語っていたにもかかわらず、である。TPPへの復帰も取り沙汰されるバイデン新政権だが、同じ民主党のオバマ政権下で交わされたこれら一連の交渉記録の欠落が今後、日米間に深刻な陰を落とさぬ保証はない。

奴らを通すな！ NO PASARÁN ——総批判・安保法制（2015年10月号）

本稿脱稿時、安全保障関連法案は参院で審議が続いている。安倍政権は2015年6月末で終えるはずだった通常国会会期を戦後最長となる95日間も延長し、参院で60日間採決されなければ否決とみなして衆院で再議決する「60日ルール」を使ってでも成立を期す意向だ。

私たちは長く記憶しておかなければならない。戦後70年のこの夏、日本が大きな矩をこえつつあることを。安倍政権が押し切ろうとしている新たな安保法制は、これまでまがりなりにも堅持してきた戦争放棄と専守防衛を具現化するための法体系を根底から崩すものだ。

今回の安保法制では集団的自衛権の行使容認に加え、自衛隊は日本周辺にとどまらず地球の裏側でも参戦中の他国軍に物資補給や人員輸送、弾薬の輸送・提供や発進準備中の戦闘機への燃料注入、戦闘参加者の捜索や救助などの後方支援が随時可能になる。中谷元・防衛相は国会答弁で「弾薬」には手榴弾や劣化ウラン弾、クラスター爆弾、ミサイルも含まれるとしたほか、「法文上は核兵器の運搬も排除していない」（8月5日）とまで踏み込んだ。

形骸化していたとはいえ日米安保条約を縛っていた「極東条項」は雲散霧消し、対象も米軍のみならずオーストラリア軍などにも拡大。「現に戦闘行為が行なわれている現場」以外ならば、これまで政府が「戦闘地域」と呼んでいた前線部隊の集積地まで物資輸送が可能となり、自衛隊の戦死者が現実味を帯びる。またＰＫＯ（国連平和維持活動）以外の国連が主導しない人道復興支援や治安維持活動への参加と武器使用基準緩和にも道が開かれるほか、武力攻撃に至らない「グレーゾーン事態」での米艦船や他国軍艦船の防護、邦人救出や駆けつけ警護での武器使用など、自衛隊の海外での活動は質・量ともに劇的に拡大し、もはやできないことを探すほうが難しい。戦場はもう目の前だ。

　安保法案が衆院特別委員会で強行採決された15年7月15日、国会を深夜まで取り巻いた延べ10万人ともいわれる抗議の人波の中に、そのプラカードはあった。「奴らを通すな《ノー・パサラン》」。１９３６年のスペイン内戦、首都マドリード攻防戦でフランコ軍の侵攻を2年半にわたって止めた人民戦線の抵抗のフレーズだ。先の大戦から70年を経て、私たちの国は再びファシストへの抵抗の覚悟が必要な時代を迎えた。

　私たちは長く記憶しておかなければならない。安保法制の国会審議での安倍首相ら関係閣僚の答弁が、いかに不真面目、不誠実であったかを。首相が著書で「軍事同盟は血の同盟」とまで明言しながら自衛隊のリスク増を頑として認めない姿勢や度重なる野党質問者へのヤジ、そして衆院特別委の採決直前に「国民の理解は進んでいない」と自ら認めながら数の力で押し切ったのは象徴的だが、戦後の平和国家としての歩みへの敬意も、血を流す覚悟を求められる自衛隊員やその家族が抱える深い憂慮をくみ取る誠実さも、微塵も感じられなかった。

たとえばホルムズ海峡の機雷除去と並んで首相が集団的自衛権行使の典型例として挙げる、朝鮮半島有事での米艦防護。その判断基準について、2つの国会答弁がある。「『東京を火の海にしてやる』と宣言し、ミサイルに燃料が注入された状況」と「ある国が弾道ミサイルを数百発持ち『東京を火の海にする』と言っている（場合）」。前者は2004年3月に当時の石破茂防衛庁長官が、個別的自衛権が発動可能なケースとして挙げた事例、後者は15年7月3日に安倍首相が例示した集団的自衛権行使の際の基準だ。

全く見分けのつかない「火の海」が180度違う文脈で平然と使われる節操のなさこそ、ひとたびその禁を破れば時の政権の胸先三寸で際限なく拡大する集団的自衛権の本質である。しかも首相答弁のわずか5日後には中谷防衛相が「火の海」などの意思表示がなくとも「存立危機事態になり得る」と軌道修正し、7日後には首相自ら「例示が全てではない」。さらに参院審議では首相が「（米艦は）単独で来ることはない。自己完結型で防護を固めてくる」（8月4日）と、自衛隊が集団的自衛権を使ってまで守る必要性に疑問を抱かせる答弁を行ない、防衛相が翌日慌てて火消しに回る泥縄ぶりだった。

さらに首相は、他国攻撃に対する集団的自衛権行使でも「武力行使の新3要件」を満たしていれば専守防衛の範囲内との耳を疑う珍説まで披露した。日本が相手から攻撃を受けて初めて発動する個別的自衛権に限って専守防衛と認めるのは、戦後日本の防衛政策の背骨とも言うべき根本理念だが、「国際情勢に目をつぶって従来の憲法解釈に固執するのは政治家としての責任放棄」（6月18日）と強弁する首相には、この大原則を乗り越えることさえ朝飯前のようだ。立憲主義を頭から否定するその論に立てば、国際情勢の変化を名目に徴兵制導入すら許されることになる。首相は「今後も徴兵制が合憲になる余地は全くない」（7月30日）と強調するが、同様に合憲の余地など全くなかった集団的自衛権行使の憲法解釈を自らの一存で変更した当事者の言を一体誰が信じられるのか。

首相は国会審議で自衛隊の武力行使や後方支援の、より具体的なケースや認定基準を示すよう、野党が繰り返し求めても「総合的に判断」「そういうことを述べる海外のリーダーはほとんどいない」と明示を避け続ける反面、自民党のインターネット番組やテレビ出演では集団的自衛権を不良のけんかや隣家の火事に、抑止力を町内会の防犯協力に喩えてみせた。国会での言質を取られまいとしつつ、国民向けにはこの程度の粗雑かつ幼稚な例示で十分と高をくくった傲慢さが見え隠れする。

極め付きは集団的自衛権行使を容認しても「（他国の）戦争に巻き込まれることは絶対にない」発言（7月30日）だろう。二言目には「日本を取り巻く安保環境は厳しさを増している」と強調し「（集団的自衛権行使が必要となる）危機が起こらないと言えるのかどうか」（5月27日）と将来の不確実性を煽る一方で、絶対に他国の戦争には巻き込まれないと言い切る二枚舌には恐れ入る。何を根拠の「絶対に」なのか。「絶対『に』ない」は「絶対『は』ない」の誤りではないのか。いや、「絶対」の文言が係るのは「巻き込まれる」ことのみで、今後は日本が主体的に戦争に打って出るとの決意表明なのか。

「数（の問題）ではない」。6月4日の衆院憲法審査会で与党推薦を含む憲法学者3人が揃って安保法制を「違憲」と明言したことに対し、「全く違憲でないという著名な憲法学者も沢山いる」と色をなして反論した菅義偉官房長官が、それなら沢山の名前を挙げてみよと野党から追及され、こう開き直った。児戯に等しいと言うほかない。

その憲法審。自衛隊による米軍などへの後方支援と武力行使との一体化について、小林節・慶大名誉教授は「戦場で後ろから参戦するだけの話。一体化そのもの」と明言したうえで、隣に座る長谷部恭男・早大教授を引き合いに「長谷部先生が銀行強盗をして僕が車で送迎すれば、一緒に強盗したことになる」。3カ月余の国会審議で安倍政権から小林氏の皮肉を凌駕する政府答弁はついに聞かれなかった。

私たちは長く記憶しておかなければならない。「重要影響事態」「存立危機事態」なる造語の禍々しさを。かつて、ある官僚が「日本語として座りの悪い用語を使った法案は筋の悪いものと考えて間違いない」と自嘲気味に語るのを聞いたことがあるが、この奇っ怪な新事態の座りの悪さは只事ではない。

事実上の地理的概念を表す「周辺事態」という用語も、極東条項との整合性を取り繕う珍妙な代物だったが、安倍政権はそんな建前すら不要だと周辺事態法から「周辺」を排除する身も蓋もない荒療治に出た。「日本の平和と安全に重要な影響を与える事態」で米軍支援が可能なら、米国の意向と時の政権の思惑次第で何でもできる。まだ閣議決定前に米議会で安倍首相が今夏の安保法案成立を早々と「公約」し、その中身も米政府重鎮による12年の対日提言書「第３次アーミテージ・ナイ・リポート」に忠実に添っているのだから何をか言わんやだ。

集団的自衛権行使を正当化する存立危機事態に至ってはもはや、言葉遊びの領域である。日本が攻撃されてもいないのに「国民の生命、自由及び幸福追求の権利が根底から覆され」、しかも「国民を守るために他に適当な手段がない」とは一体どんな状況なのか。言葉が意味を拒絶する、そんな印象が強いが、曖昧模糊とした定義の陥穽を突いて自民党のお家芸「敵基地攻撃論」「中国脅威論」すら浮上してきた。経済的損失を拠り所にしたホルムズ海峡での機雷除去も、「ABCD包囲網」で兵糧攻めされた戦前の日本が資源獲得を企図し南方に兵を進めた「南進政策」と地続きの発想でしかない。首相は機雷除去は「受動的かつ限定的」であるとし「フルスペック（全面的）」の集団的自衛権との差別化に躍起だが、「受動的かつ限定的」だから相手側が空爆や地上戦と区別して手心を加えてくれるとでも思うのか。

そもそも同海峡が封鎖され各国が掃海艇を派遣した場合、日本以外で機雷除去に対応可能な国があれば「他に手段がない」の条件に合致しないのでは、との根本的な問いに、岸田文雄外相の答弁は二転三転した挙げ句「他国が掃海艇を派遣する場合でも、我が国が機雷掃海を行なう以外に適当な手段がない場合がある」（7月10日）。これほど苦し紛れの答弁も珍しいが、肝心の「他に手段がない」とする根拠については何も答えていない。

そして首相は7月29日の参院特別委で、衆院段階であれほど否定していた南シナ海での機雷除去について「新3要件に当てはまれば対応」すると修正した。「念頭にあるのはホルムズ海峡が封鎖されたときだけ」（5月28日）ではなかったのか。「南シナ海にはさまざまな迂回路があるので想定し得ない」（6月1日）のではなかったのか。恣意的な安保法制で将来、別の政権になれば集団的自衛権行使の前提条件が崩れる恐れは国会審議でも繰り返し指摘されたが、政権が変わるどころか法案成立すら待たずに変質してしまった。

重要影響事態に存立危機事態、国際平和共同対処事態、武力攻撃予測事態に武力攻撃切迫事態、そして武力攻撃発生事態。乱立する「事態」の定義や性格はボーダレスで複雑に重なり合うが、中身が重複しているのにどの「事態」に認定されるかで武力行使の可否や国会承認の有無もバラバラ、法の体をなしていない。しかし、もちろん確信犯。整合性などどこ吹く風、こちらの「事態」が駄目ならあちらと、変幻自在に姿を変える「切れ目なき対応」こそ安保法制最大の眼目だ。法案作成に深く関わった首相最側近の礒崎陽輔首相補佐官からは「法的安定性で国が守れるはずがない」とのあからさまな本音まで飛び出した。

「法の建て付けとしてはお粗末もいいところ。党内でも各々の『事態』の詳細を正確に理解して説明できる人間なんて、ほとんどいないんじゃないか。でも伸びしろが多ければ多いほど、いざというときの使い勝手がいいんだよ」。ある自民党関係者の弁である。

私たちは長く記憶しておかなければならない。全く本質の異なる半世紀前の最高裁判決（「砂川判決」）や政府見解（「72年見解」）を曲解し、集団的自衛権行使容認の論拠として挙げるご都合主義を。59年の砂川判決は、旧米軍立川基地の拡張に反対して基地内に立ち入った学生らが日米安保条約に基づく刑事特別法違反に問われた裁判で、安倍政権は判決の中の「我が国の存立を全うするために必要な自衛のための措置を取り得る」との一文だけを捉えて最高裁は集団的自衛権を認めているとの論法を捻り出した。

しかし同裁判は米軍駐留の違憲性が争われたもので、自衛権に触れた部分は判決理由と直接関わらない傍論にすぎないうえ、最高裁がこの判断をしたのは自衛隊発足からわずか5年後。自衛隊や日米安保体制そのものが憲法違反ではないかと厳しく問われ、集団的自衛権の明確な定義すらなかった時代だ。裁判でも日本が集団的自衛権を行使できるかという問題は一切議論されておらず、自民党自身が今春の与党協議で、砂川判決を集団的自衛権行使容認の根拠とするのは無理筋として、一度は封印した代物である。

加えて砂川判決をめぐっては東京地裁の駐留米軍違憲判決（伊達判決）に危機感を抱いた最高裁の田中耕太郎長官（当時）が事前に駐日米公使と密かに会い、自らが指揮する判決の期日や伊達判決を取り消す意向を伝えていた事実が米公文書から明らかになっている。

そうした他に類を見ないほど政治的で、司法の独立どころか国家主権すら放棄した恥ずべき判決を論拠に海外で武力行使に踏み切り、自衛隊員に血を流すよう求めることは国を自ら貶める愚挙と言うほかない。第一、砂川判決が本当に集団的自衛権行使を容認したものなら判決後、歴代政権が40年以上も行使は許されないと説明してきたことは一体何だったのか。

「藁にもすがる思いで持ち出したのかもしれないが、しょせん藁だ」。早大・長谷部教授の6月15日の記者会見での指摘は砂川判決解釈の本質を見事に言い当てているが、同じ藁でも「集団的自衛権行使は憲法上許されない」と明確に断じた1972年見解の、ごく一部分を恣意的に切り取って「行使容認」と正反対の結論に読み替える芸当に至っては、藁を金のなる木と言いくるめる怪しげな詐術の類いだろう。

安倍政権は72年見解の結論部分のみ「認識を改め」るとし「これまでの政府の憲法解釈との論理的整合性及び法的安定性は保たれている」（6月9日公表の新政府見解）と強弁するが、正反対の結論にひっくり返しておきながら従来の憲法解釈との整合性や法的安定性がどうして保たれているのか全く理解不能だ。そもそも72年見解で「我が国に対する武力攻撃」に限定されていた自衛のための武力行使が、同見解に立脚しているはずの「新3要件」では一転「我が国と密接な関係にある他国」への攻撃でもなぜ許されることになるのか。

6月26日の衆院特別委。砂川判決について問われた安倍首相は「自衛隊においても日米同盟においても合憲であるという判断が示された」と述べたが、この答弁は真っ赤な嘘である。砂川判決が「統治行為論」で安保条約の憲法判断を回避したのみならず、同判決を含め、最高裁は自衛隊が合憲か違憲かの判断をこれまで一度たりとも示したことはない。嘘八百の答弁は、無理に無理を重ねて砂川判決や72年見解を集団的自衛権行使容認へとこじつけた安保法制の虚構性を象徴している。

私たちは長く記憶しておかなければならない。２０１５年3月、安保法制の骨格を自民・公明両党が実質合意する2日前、国会では自民党の女性議員が「紹介したいのは日本が建国以来、大切にしてきた価値観、八紘一宇」と発言した事実を。今さら紹介などされずともアジアの国々には拭い難い日本の侵略の記憶が染みついているが、憲法9条の平和主義を一変させる無理筋の安保法制を後押ししているのは、間違いなくこうした戦前回帰の空気だ。「『戦争に行きたくない』は極端な利己的考え」などとする同党若手議員（当時）の居丈高なツイートに至っては72年前の秋、雨の神宮外苑で出陣学徒が口にした「生等《せいら》もとより生還を期せず」の宣言を再び若者に言わせたい本心が透けて見える。

かつて「八紘一宇」が大手を振って海を渡って行った時代、台頭する軍部に国会で敢然と反対の論陣を張った衆院議員がいた。斎藤隆夫。１９４０年2月、泥沼化する日中戦争を厳しく批判した「反軍演説」はあまりにも有名だ。「唯いたずらに聖戦の美名に隠れて国民的犠牲を閑却し、曰く国際正義、曰く道義外交、曰く共存共栄、曰く世界の平和、斯くの如き雲を摑むような文字を並べ立てて、千載一遇の機会を逸し国家百年の大計を誤ることがありましたならば、現在の政治家は死してもその罪を滅ぼすことはできない」――。軍部の暴走を黙認し戦争終結に手をこまねいたままの当時の政権を指弾した斎藤の演説は、冒頭の「聖戦の美名」を「安保環境の変化」に変えるだけで戦慄するほど今回の安保国会と合致する。

大政翼賛体制下の国会で、圧倒的多数をもって斎藤は除名に至る。太平洋戦争の開戦は翌年だ。安保法制が審議入りした15年5月26日、野党のトップバッターとして質問に立った民主党の枝野幸男幹事長は斎藤の名を挙げ、除名に突き進んだ翼賛国会と合わせ鏡にするように「立憲主義を破壊する法案を数の力で押し切ろうとするなら遠からず歴史に断罪される」と語気を強めた。その後の国会審議は枝野氏の懸念通りに進んだが、安保法制に危機感を持つ人々は、たとえ法案が成立しても消沈しているときではない。安倍首相の視線の先に憲法9条が映っているのは確実だ。戦後の歩みを否定する暴政を黙って見送れば、いずれ歴史に断罪されるのは私たち自身である。

＊　＊　＊　＊　＊　＊

第2次安倍政権最大の負の遺産が、この安保法制であることは疑うべくもない。統治権力は憲法に縛られるという立憲主義を蔑ろにした最たる例である。

中でも最も醜悪だったのは、集団的自衛権の行使容認を閣議決定した14年7月1日、安倍氏の記者会見に掲げられたパネルかもしれない。朝鮮半島とおぼしき某国から米軍艦で避難する日本人の母と2人の子。乳飲み子を抱いた母親に、不安げな表情の幼い子どもが寄り添う。駆けつけようとする自衛隊艦船に大きなバツ印……。安倍氏は「我が国への攻撃ではないが、それでも日本人の命を守るため自衛隊が米国の船を守る」「憲法がこうしたときに国民の命を守る責任を放棄せよと言っているとは思えない」と胸を張った。

ところが1年後、安保法制の国会審議最終盤で当時の中谷元・防衛相は「邦人が乗っているかどうかは判断要素のひとつだが、(行使条件の)絶対的なものではない」。それならば、あの米艦上の母子は一体何だったのか。

満州事変から日中戦争、太平洋戦争へと続く戦時下、戦意高揚と国家総動員を後押しした軍国の母の美談に似た匂いが漂う。自民党は現在、敵基地攻撃能力の保有に前のめりだが時の政権が求める場合に限り、米艦上の母子はこれからも忘却の彼方から呼び戻されるのかもしれない。しかし、そんな〝愛国の物語〟の行き着く先に待つ景色を、戦前・戦中に活躍した俳人、渡邊白泉の句「戦争が廊下の奥に立ってゐた」が静かに警告している。

クオリティ・オブ・デス　遠ざかる「満足できる最期」（2016年5月号）

2015年2月6日、カナダ最高裁は医師による自殺幇助を禁止する法律を違憲と判断、限定的に安楽死を認めた。米国カリフォルニア州では末期の脳腫瘍患者だった29歳の女性が尊厳死を選択したことをきっかけに同年10月5日、医師が末期患者の命を絶つ権利を法制化する「死ぬ権利」法が成立するなど、生と死をめぐる議論が各国で続く。

翻って日本。13年8月に政府の社会保障国民会議が、消費税再増税に伴う社会保障改革案を打ち出した最終報告書に、どきりとするような一節がある。死生観や価値観の多様化を背景に「超高齢化社会に見合った医療の射程には、そのときが来たら、より納得し満足できる最期を迎えることのできるように支援すること――すなわち死すべき運命にある人間の尊厳ある死を視野に入れた『QOD（クオリティ・オブ・デス）を高める医療』――も入ってこよう」。

「クオリティ・オブ・ライフ（人生の質）」が指摘されて久しいが、「死の質」も求められる時代ということか。厚生労働省はこの指摘に沿った法整備を今すぐ進める予定はないというが、今後の社会保障制度設計の基盤となる文書にQODが明記された意味は決して小さくない。

しかし安倍政権が掲げる社会保障の改革プランには、とてもQOD向上までたどり着けそうにもないメニューがこれでもかと並んでいる。

70～74歳の医療費自己負担の2割への引き上げ、後期高齢者医療の負担軽減特例廃止、入院時の食事代の自己負担増、紹介状無しの大病院受診に対する負担金新設、高額療養費制度の負担上限額引き上げ、「マクロ経済スライド」本格導入による年金減額……。18年度にかけて、これら負担増が国民生活に降りかかる。もちろん10％への消費税再増税も重くのしかかるうえ、軽減税率導入のあおりで低所得者の医療・介護・障害・保育の自己負担総額に上限を設ける「総合合算制度」はお蔵入りに。一方で増税を見送れば社会保障の財源にたちまち穴があく。

とくに混迷を深めるのが介護をめぐる状況だ。特別養護老人ホーム（特養）だけで待機者が全国で52万人、親の介護で職を離れる現役世代は毎年10万人。「介護疲れ」を背景に60代以上の親族が被害者の殺人事件は年間40件前後で高止まりし、介護施設での高齢者虐待事件も10年間で6倍増と悲劇は後を絶たない。

安倍首相は参院選を前に「介護離職ゼロ」の掛け声のもと、20年代初頭までに特養など「介護の受け皿」を50万人分増やすとぶち上げた。しかし15年の介護報酬引き下げで肝心要の介護職員の待遇改善に冷や水を浴びせた政権に真剣味は感じられず、同年度から特養への新規入所者を原則「要介護3」以上に限定し、その前段階の「要支援1、2」を介護保険サービスから切り離すなど介護費抑制の本音が見え隠れする。

介護費は制度が開始された00年度の3兆6000億円から14年度は10兆円を突破。「団塊の世代」が全て75歳以上になる25年度には約20兆円に達すると見込まれ、国は次なる抑制策として「要介護1、2」の人向けの生活援助サービスを介護保険から外すことも検討するが、生活援助を担うヘルパーが来なくなり状態悪化の兆候が見逃される懸念がある危うい政策だ。そもそも人口動態統計で類推すれば、近い将来の介護費急増リスクは制度導入時から自明だったはずだが、対策先送りの代償を要介護者につけ回す政治の有り様は社会保障の名に値しない。

そして迷走する政治にも増して、介護現場に深い影を落としてきた裁判がある。07年に愛知県で徘徊中の認知症男性（当時91）が列車にはねられ死亡し、JR東海が在宅介護していた妻（同85）など遺族に720万円の損害賠償を求めた訴訟。認知症やその疑いで行方不明になっているのは年間1万人超、10年後は現在の倍近い700万人が認知症と推測されるなか、自らが当事者となり得る可能性を全否定できる日本人はいないだろう。

典型的な老老介護で、自身も「要介護1」の妻がまどろんだ、わずかな隙に起きた事故。長男の妻も横浜市から近隣に転居し介護を助けたが、それでも防げなかった。仮に遺族側に何らかの落ち度があったとしても、ではどれだけのことを行なえばよかったのか、誰も正解を持っていない。施錠・監禁し一瞬の隙もなく男性を監視していれば事故は防げたかもしれないが、それはもはや介護ではない。

16年3月1日、最高裁判決。逆転勝訴で男性の妻らへの賠償請求は辛うじて回避されたものの、認知症の介護に積極的に関わる人ほど重い責任を負いかねない可能性を残した。敗訴後のJR側のコメントも「個々にはお気の毒な事情があることは十分に承知している」と無慈悲さが際立つ。明白なのは、この家族を法廷に立たせた日本の福祉行政にQODを語る資格はないということだ。

判決の1週間後にも、宮城県で認知症の79歳男性が貨物列車にはねられる死亡事故が起きている。国の文書に明記された「死すべき運命にある人間の尊厳ある死」。超高齢化社会が目前に迫り、私たちの誰もが明日にも直面するかもしれない深刻な課題だが「より納得し満足できる最期」への道程は未だ見えてこない。

＊　＊　＊　＊　＊　＊　＊

歴代最長の長さを誇る安倍前政権でも結局、世界に類を見ない速さで進む少子高齢化を前に社会保障の課題の多くは積み残された。

続く菅首相は目指す社会像として「自助・共助・公助」を掲げ、年収200万円以上を対象に後期高齢者の医療費自己負担を2割に引き上げる方針だが、自助・共助が基本で、政府が担うのはその残りの部分であるかのような理論は危うい。ひとつ歯車が狂えばたちまち瀬戸際に立たされる医療・介護現場の逼迫した現状も、コロナ禍で改めて浮かび上がった。QOD未だ遠し、の令和ニッポンである。

醒めない夢　破綻した高速増殖炉のその先（2017年2月号）

ふた昔前「昭和の3大馬鹿査定」と呼ばれた巨大公共事業があった。もともとは大蔵省（当時）主計局内の隠語だったというが、1988年度予算の大蔵原案内示の際、主計官が整備新幹線計画の予算化に疑問を呈する発言の中で言及したもので「戦艦大和・武蔵、伊勢湾干拓、青函トンネル」が槍玉に挙げられた。

これらが「馬鹿」ならば、関連施設も含め1兆2000億円もの巨費を投じながらほとんど稼働せず破綻しようとしている「夢の原子炉」は何と表現すべきか、件の主計官殿に尋ねてみたくなる。高速増殖炉「もんじゅ」（福井県敦賀市）の廃炉が確定した。ただし、作業完了は2047年。

発電しながら使った以上のプルトニウムを生み出せる。資源小国の日本で「夢の」と冠の付いた高速増殖炉計画は長年、核燃料サイクル政策の中核であり続けたが、現実のもんじゅの軌跡は事故と隠蔽の蟻地獄だった。初臨界翌年の95年、冷却用ナトリウム漏れ事故を起こし現場を撮影した映像を改ざん。14年余の空白を経て2010年に運転再開にこぎつけた直後、燃料交換装置の落下事故で再び運転停止。そして機器１万点の点検漏れや、機器の重要度分類を誤り中央制御室の空調弁ほか15の最重要機器が１度も点検されていないなど杜撰な運営の発覚が、もんじゅに引導を渡した。

１９５７年の長期計画で70年ごろを想定したもんじゅの実用化目標は、相次ぐトラブルで80年代後半、２０３０年、さらに50年へとずるずる後退。14年のエネルギー基本計画からは目標時期どころか、プルトニウム増殖という目的すら消えた。23年間で稼働日数わずか２５０日、年間維持費２００億円。この国は動かない増殖炉に１日５５００万円を注ぎ込み続けた計算になる。

ところが、これぞ文殊の知恵とでも言うつもりか、安倍政権は16年末、断末魔のもんじゅ延命へ奇策をひねり出した。今後約10年間、廃炉作業と並行して原子炉を冷却する液体ナトリウムの取り扱い技術など安全技術研究を継続。それらを基に、より実用化に近い高速実証炉の国内建設を目指すという。方針を決めた国の「高速炉開発会議」には経済産業・文部科学両相、原子力規制委員会からもんじゅ運営主体として失格の烙印を押された日本原子力研究開発機構、電気事業連合会に原子炉メーカーと、もんじゅ破綻の当事者たちが臆面もなく顔を揃える。

今になって高速炉開発を投げ出せば、青森県六ヶ所村の再処理施設に保管する３０００トン近い使用済み核燃料が行き場を失い原発再稼働にも支障を来たす。使用済み燃料からプルトニウムを取り出すことを認めている日米原子力協定の来夏の改訂にも影響が出かねない。そのため何があっても高速炉開発と核燃サイクルの旗を降ろせない。畏るべき妄執と言うほかないが、研究段階の原型炉もんじゅさえ満足に動かせず、その安全性や発電性能も確認できないまま一足飛びに実証炉に突き進む無謀さは想像を絶する。

もんじゅが未経験の出力100%運転時のデータは仏政府が計画する次世代実証炉「ASTRID（アストリッド）」の共同研究で蓄積する方針だが、建設の可否すら数年後まで決まらない代物で、たとえ全て計画通りに進んでも運転開始は30年代半ば。日本が期待するデータが得られるのは、さらにその先だ。50億ユーロ（約5700億円）との試算もあるアストリッド開発費の日本側支出額も不明ならば、構造が複雑な高速実証炉の国内開発・建設・運営に必要な金額も検証できない。もちろん最終的に国民負担がどこまで膨らむのか誰にもわからない。

「『世界最高レベルの』高速炉の開発、実用化」。安倍政権が示した新高速炉の国家目標には、いつかどこかで目にしたような修飾語が踊るが、日本はもう手を引くべきだ。時の権力が喧伝する空々しい枕詞の先にどんな景色が待っているのか、私たちは「『夢の』原子炉」で嫌というほど思い知らされたはずではなかったか。

30年前の「3大馬鹿査定」発言の主計官は、整備新幹線についてこんな言葉も残している。「（推進派議員は）『建設費も維持費も国が出せ』と言い、そのうえに『固定資産税も免除せよ』と言うが、それではまるで『オンブにダッコにオシッコ』だ」「新幹線は完成まで10年か20年かかる。どうせチンタラ造るんだろうから、できたときにはすでに前時代の遺物になっている」――。

新幹線が「オンブにダッコ……」なら、最低でも３７５０億円を要する廃炉費に加え費用対効果も怪しい「研究」をさらに10年余も続けるもんじゅは、さながら「揺りかごから墓場まで」か。安倍政権は廃炉の地元対策として、もんじゅ敷地内に研究用原子炉まで新設する大盤振る舞いだ。主計官が異を唱えた整備新幹線計画はその後、多くが実現したが、初臨界から23年を経ても何も生み出さない「夢の原子炉」は誰も責任を問われぬまま、天文学的な浪費と行き場のない大量の使用済み核燃料を残して「前時代の遺物」に成り果て、それでもまだこの国は色褪せた夢の残滓にしがみつこうとしている。これを「悪夢」と呼ぶのだろう。

＊　＊　＊　＊　＊　＊　＊

17年12月、日本原子力研究開発機構は47年度末までのもんじゅ廃炉計画を原子力規制委員会に申請したが、廃炉４工程のうち、より困難な増殖炉本体の解体など第２段階以降は何も決まっていない。中でも最難関が放射能を帯びた1次冷却系のナトリウム約７６０トンの抜き取り。そもそも、もんじゅは設計当初から廃炉を念頭に置いていないため、原子炉容器内のナトリウムの全量抜き取りを想定しておらず、全てが計画通り進んだとしても炉心底部に残る約１トンのナトリウムには対応できない。

日本政府が頼みの綱としてきたアストリッドについて仏政府は事実上の計画凍結に舵を切り、日本の高速増殖炉計画はいよいよ剣が峰に追い込まれたが、そんな机上の空想論よりも、もんじゅが無事に廃炉の日を迎えられるのかという目の前の困難の方がはるかに重大だ。

もうひとつの「6・15」 60年安保と共謀罪

（2017年8月号）

1960年6月15日、国会南通用門。当時の首相、岸信介が推し進めた日米安保条約改定に反対するデモ隊と機動隊が衝突、東大生の樺美智子が命を落とした。全学連のデモの隊列にいた男性が後年、その夜の記憶を綴った手記が筆者の手許にある。

「……先頭から後尾に向けて風が吹き抜けるように、死者が出たとの情報が拡まった。『重傷だそうだ』『いや死んだそうだ』と錯綜する話の中で、情報は次第に明確な像を結びつつあった。そして死亡したのが東大の女子学生だと判った時、それまでの『キシを倒せ』のシュプレヒコールは、いつか自然に『キシを殺せ』に変わっていた。『キシを殺せ、キシを殺せ』やり場の無い悲しみと怒りをのせた声が、いつまでも永田町の深夜をゆるがせた」

男性のいた場所から現場までは100メートルほどだったという。その夜「倒せ」が「殺せ」に変わった情景は、数多ある60年安保闘争を採り上げた文献にもほとんど出てこない、そこに立ち会った人間だけが語り得る重い歴史の証言だ。60年6月15日、国家権力が若い命を奪った拭い去れない事実は戦後史に1行の記録をとどめる。

この日は歴史にどう刻まれるのだろう。57年後の6月15日、その朝の国会周辺も夜を徹して審議を見守った人々の「やり場の無い悲しみと怒り」に包まれた。岸の孫の安倍晋三は、この国の将来に重大な禍根を残しかねない共謀罪法案の成立を強行した。徹夜国会の末、参院での委員会採決を省略し本会議に持ち込む奇策中の奇策「中間報告」まで駆使して。恥知らずな騙し討ちだ。

犯罪が起こっていない段階でも2人以上で「計画」し、誰かが「準備」したと捜査機関が判断すれば処罰する共謀罪の最大の問題点は「誰が処罰されるのか、何を行なえば捜査対象になるのか」の線引きが極めて曖昧なことだ。国会審議で法相の金田勝年は「組織的犯罪集団に限定しているので一般人は無関係」、安倍も「通常の社会生活を送っている人が捜査対象になることはない」と繰り返したが、法律の条文上でこれを担保するものは何もない。金田は「隠れ蓑」の表現まで持ち出して人権団体や環境保護団体が共謀罪の射程に入っていることを示唆。さらに審議の最終盤になって「（組織的犯罪集団の）構成員でなくても、関わりのある周辺者が処罰されることもあり得る」と新たな見解を示したが、法に一切規定のない「周辺者」なる概念がどこまでの範囲を指すのか定かではなく、捜査機関の胸先三寸で際限なく広がりかねない。

捜査機関が組織的犯罪集団とみなせば、計画段階でも裁判所の令状が必要ない任意捜査が横行するのではないかとの懸念も大きい。法務省刑事局長の林真琴は「テロ計画が実行される蓋然性があり、犯罪の嫌疑があれば準備行為が行なわれていない段階でも任意捜査を行なうことが許される」と答弁、「テロ対策」を口実に捜査機関が目をつけた組織や市民を常に監視下に置けることを事実上認めた。金田は将来的な通信傍受法の共謀罪への適用拡大も否定していない。

しかも計画内容の具体性について林は当初「指揮命令や任務分担なども含め具体的に合意する必要がある」との認識を示していたが、法案が参院に移ると「犯行の日時、あるいは各自の役割の詳細まで定まっている必要はない」と答弁を一変。計画内容の詳細や役割特定が不要なら、捜査機関の恣意的判断の余地はさらに広がる。

何をもって「準備行為」とみなすのかも大きな焦点だ。ATMからの現金引き出しや下見など、本来は何の違法性もない日常の行動が実は準備行為であることを客観的証拠で裏付けるのは容易ではないが、審議入り当初は「持ち物などの外形的事情などから判断」としていた金田は野党の追及に「主観面の認定なくして実行準備行為とは認められない」と実質的な内心処罰だと認めた。

共謀罪が設けられる犯罪は277と幅広く、組織的威力業務妨害罪も含まれる。過去にはデモや座り込み、団体交渉の場でスクラムを組む行為も威力業務妨害に該当するとした判例もあり、市民のやむにやまれぬ行動でも「合意」しプラカードなどを「計画・準備」すれば威力業務妨害罪の共謀として全員が捜査されかねない。60年安保でデモ隊排除へ自衛隊出動を求めた岸に時の防衛庁長官が応じなかった逸話はよく知られているが、計画に加わるだけで「一網打尽にできる」と言ってのける安倍のもとでこうした良心の歯止めも風前の灯だ。

冒頭の手記を残した男性は、２００８年に71歳で世を去った筆者の父親である。殺伐たる、もうひとつの「６・15」を目にすることがなかったのは父にとって幸運だっただろうか。

安倍や金田は共謀罪の「乱用はあり得ない」と繰り返す。しかし日米安保条約で極東地域だけだったはずの地理的制約がやがて形骸化し、安保法制により世界中で自衛隊と米軍の一体化に道が開かれたように、17年7月11日施行の共謀罪も法律ができた経緯や国民の不安が忘れ去られたころに拡大解釈が進み、社会を萎縮させることにならない保証はどこにもない。新たな「６・15」がこの国をどんな未来に導こうとするのか、法の成立を許してしまった私たちには、目を逸らさず権力の暴走を監視し続ける責任がある。（敬称略）

＊　＊　＊　＊　＊　＊　＊

ビールや弁当を持っていれば花見、地図や双眼鏡なら犯罪の下見――。こんな珍説がまかり通った共謀罪の国会審議。その施行から5年半、まだ共謀罪の適用例はないが、多くの国民の記憶が薄れても国会で積み重ねられた危うい政府答弁は、息を潜めて日の目を見るときを待っているのかもしれない。たびたび答弁に立ち共謀罪の必要性を強調した林真琴・法務省刑事局長は20年夏、検察庁トップの検事総長に就任した。

そして菅首相が日本学術会議の会員任命を拒んだ6人の中に、国会の参考人質疑で共謀罪の法制化を「戦後最悪の治安立法」と批判した松宮孝明・立命館大教授も含まれている。あからさまな意趣返しは、松宮氏の指摘が正鵠を射ていることの何よりの証明だろう。

だから言ったじゃないの　遠ざかる財政健全化

（2018年2月号）

人づくり革命、なのだそうだ。何とも大仰で押しつけがましいネーミングだが、安倍首相は消費増税分の使途を変更、借金返済に回すはずだった約1・7兆円をこの「革命」に注ぎ込むとして2017年秋の総選挙で大勝した。具体的には3～5歳児の幼稚園・保育園無償化、低所得世帯は0～2歳児の幼児教育無償化や大学などの高等教育支援、待機児童解消計画の前倒し……。子育て世帯には耳障りの良い話だろうが、旧民主党政権下で自民党が「ばらまき」と批判した高校授業料無償化と何が違うのか。

国の借金返済分を他の政策に振り替えるのは、事実上の赤字国債増発だ。基礎的財政収支（PB）の黒字化は目標年次すら見えなくなり、その分、返済できない借金が積み上がる。何のことはない、親世代が払う幼稚園費用を借金で賄い、その子が大人になって支払うようなもので将来世代へのさらなるツケ回し。これで「人づくり」とは恐れ入る。消費増税を歓迎する人など誰もいまいが、万やむを得ず増税するなら、それが将来世代の負担を少しでも減らすならまだしも、その逆になってどうするのか。

しかし今回の選挙結果で首相は味をしめただろう。経済成長に伴う税収増で財政も改善するとのアベノミクスの行き詰まりが明白になったのに圧勝したとなれば、今後も懲りもせず見当違いの自称「成長戦略」を打ち続けるに違いない。そして次の目玉政策を打ち出したければ、その都度、財源の使い道を変更すればいい。二度あることは三度ある。総選挙の結果は、そんな愚かな選択を為政者に許すことになりかねない。

財政再建目標はリーマン・ショック後に開かれた10年のG20首脳会議で決定した。ところが他の先進国が財政赤字を13年までに少なくとも半減させるとの意欲的な目標を掲げるなか、財政難の日本が捻り出したのは利払い費を除いたPBの赤字を15年までに半減させるとの周回遅れの約束だった。さらに今回、その先の国際公約である20年度のPB黒字化目標は霧消した形だ。

高齢者対策に偏りがちな社会保障を「全世代型」にシフトするための使途変更だと、安倍首相は総選挙でも繰り返し強調した。しかし全世代型社会保障への転換は、政権交代前の12年夏に当時の民主・自民・公明3党が合意した「税と社会保障の一体改革」ですでに明確に謳われている。消費税率を当時の5％から10％に段階的に引き上げ、一部を子育て支援などに充当しつつ、その間に年金や医療など社会保障制度の抜本改革を検討するはずだった。第2次安倍政権の発足は3党合意の直後。首相が今さら少子高齢化を「国難」だと言うなら、手をこまねいたまま税率引き上げを2度、計4年も延期し、その傷口を広げてきた自身の責任をどう説明するのか聞きたい。特に最初の増税先送りで「再び延期することはない」と断言しながら、臆面もなく「新しい判断」を口にし「公約違反と言われても仕方がない」とまで開き直った16年の再延期劇は漫画的でさえあった。

今回の使途変更表明の際、安倍首相が恐らく意図的に触れなかった数字がある。仮に使途を変更せず、かつ今後の成長率をどんなに都合良く見積もっても20年度のPBは8・2兆円の赤字が避けられないとの政府試算だ。唐突な使途変更は、アベノミクスの失敗を端的に物語るこの現実から目を逸らす隠れ蓑だった疑いがある。思い出してほしい。増税再延期を掲げた16年夏の参院選で首相は「アベノミクスは決して失敗していないが、まだ道半ば」と強調、昨秋には景気拡大が高度成長期の「いざなぎ景気」を超えたと喧伝した。しかし本当に好況が続いているなら「10年間の平均で名目3％、実質2％」という当初の成長率目標は、一体いつ達成されるのか。なぜデフレの出口すら見えないのか。いつまでたっても「道半ば」なのは、アベノミクスそのものが間違っているからではないのか。

今回の総選挙ではもはやそんな疑問もほとんど語られなかったが、アベノミクスの成果が出ていないのはアベノミクスが足りないからだとの論法は、負け分を取り戻そうとさらに高額を博打につぎ込む悪循環と瓜二つだ。危うい〝ギャンブル資本主義〟はどこへ向かうのか。

新年早々そんな繰り言を熟々と考え正月気分も吹き飛んだ頭に、どこからか懐かしの庶民派歌手・松山恵子の歌声が聞こえてきた。「安倍《おとこ》なんかの言うことを、馬鹿ネ、本気に本気にするなんて……」。往年のヒット曲はこの後「まったくあんたはうぶなのね」と続くが、本当に国民は何度、この男の口車に乗れば気が済むのか。度重なる健全化目標先送りで財政規律が一層緩み、やがて国家赤字で身動きの取れなくなった日本を見て、諸外国はこう溜息をつくだろう。「だから言ったじゃないの」。

それでも目先の負担軽減さえ得られれば将来のより大きな財政難に目をつぶる近視眼的な選択を、今回も私たちはした。その重すぎるツケを背負うのは何世代か後の人々だ。せめてもの罪滅ぼしに、まだ見ぬ彼らへ、お恵チャンばりにこう声をかけようか。「あんた、泣いてんのネ」。無責任な先人たちへの悔し涙に違いないけれど。

＊　＊　＊　＊　＊　＊　＊

新型コロナウイルスによる経済の大打撃によって財政健全化はさらに遠のいた。20年度の新規国債発行額は112兆円、21年度末の残高は国・地方合わせて1200兆円を上回る見込みだ。長期債務残高がGDPの2倍以上に及ぶのは敗戦直前の1944年に匹敵する。それでも西村康稔経済再生担当相は「今は財政健全化を考えているときではない」と強弁する。

金融の世界には「貸すも親切、貸さぬも親切」という古い言葉がある。担保が十分で高い利息を得られたとしても、客にとって不健全なカネは貸すべきではないとの戒めで、20年夏放送のドラマ『半沢直樹』（TBS系）でも巨大企業再建のキーワードとして描かれた。今や国家予算の6割を借金で賄う日本の現状を前に「貸さぬも親切」が深く胸に響いてくる。

〝虚〟の学園　「加計」獣医学部開学・記憶すべきこと（2018年4月号）

長い長い反対闘争の末に、成田空港が開港した40年前の春。終始、反対派に冷淡だった評論家の江藤淳が、こんな文章を書いている。

「私は以前、成田新空港がいったん機能を開始すれば〝虚〟の時間が崩れて〝実〟の時間が〝虚〟の時間を洗い流してしまうだろう、なぜなら人間の生活は〝実〟の時間の中でしか営まれないから、と言ったことがあるが、現実に起こりつつあるのはまさにその通りの現象だと言わざるを得ない。（中略）いずれにしても遠からず〝成田のことは夢のまた夢〟ということになるものと思われる。安保騒動や大学紛争と同じで、畳替えのとき古新聞を見て、そんなこともあったっけなあ、と往事を振り返るようになるに決まっている」（『週刊現代』1978年6月15日号）。

三里塚闘争の評価はともかく、この問題もいずれ「夢のまた夢」になるのだろうか。加計学園が運営する岡山理科大学獣医学部（愛媛県今治市）が2018年4月1日、開学する。しかし数々の疑念は何ひとつ解明されていない。「そんなことも……」となる前に今後、長く記憶されるべき事柄を記しておきたい。

改めて確認しておこう。文部科学省や農林水産省が52年間も獣医学部の新設を認めなかったのは、急激に進む人口減少社会で家畜の頭数やペットを飼う人が減っていくことが想定され、獣医師も不足しないとみられるためだ。半世紀ぶりにそれを覆すなら、獣医師の需要動向にどのような変化があるのか明示しなければならない。政府が国家戦略特区指定に当たって「既存の獣医師養成でない構想の具体化」「既存の大学・学部では対応困難」などの4条件を付したのも、そうした認識が根底にあるはずだ。

ところが特区指定はどういう事実に基づき、誰がどう判断したのかという最も基本的な疑問に対して、安倍政権は誰もまともに回答できない。17年11月の国会審議で、林芳正文科相は大学設置・学校法人審議会には4条件との整合性について審査する役割がないとし、認可段階で検討されていない事実を認めた。特区を管轄する内閣府の長坂康正政務官に至っては、答弁に窮して12回も審議中断したあげく、特区指定は「できない理由を探すのではなく、どうしたらできるか前向きに議論すべきということ」と全く意味不明の答えを繰り返した。

特区申請前に加計学園事務局長らが首相官邸に入れたのはなぜか。新学部の設置場所を決定した内閣府の会議録がなぜ残っていないのか。同じく特区での獣医学部新設を目指していた京都産業大学との比較で、今治市の提案を「熟度が高い」と判断した根拠は何か。これら積み残されたままの疑問を突き詰めれば、ある日付に集約する。「2017年1月20日」。加計学園が国家戦略特区の事業者認定をされた日であり、安倍首相は同年夏、この日に新設計画を「初めて知った」と唐突に表明。「構造改革特区で（15年6月に）申請されたことは承知していた」との過去の答弁と真っ向から食い違うが、その矛盾を突かれると「構造改革特区と国家戦略特区を混同した」。首相は、度重なるゴルフや会食の中で「腹心の友」加計孝太郎理事長から「時代のニーズに合わせて新しい学部や学科の新設に挑戦していきたいという趣旨の話は聞いた」（17年7月の答弁）と認めているが、いつ、どこに、どんな学部かなど具体的な話は何ひとつ話題に上らなかったという。摩訶不思議な会話と言うほかない。愛媛県文書は15年2月25日に加計理事長が首相に「国際水準の獣医学教育を目指す」と語ったと記すが、首相はこの日の面談自体を認めていない。

新獣医学部が、いかに特異で憂慮すべき存在か。審査過程での大学設置審による数々の指摘を見れば、それが浮かび上がる。

家畜衛生を専門とする専任教員不足、臨床系教員の高齢層への偏り、実習を補助する助手の不在。首相があれほど「四国に獣医学部が1つもない」と意義を強調したのに「卒業後に四国に定着させるための方策がない」。さらに4条件の「獣医師が新たに取り組むべき分野」に対応し新学部の目玉とされる「人獣共通感染症」対応について「牛の解剖がないため最低限必要な知識や技術を身につけられるとは思われない」。実習に関しても「実際に動物を使った内容が3日分しかない」、遠距離の学外施設での実習なのに「午後から3時間以上の移動を要するものが含まれており、実習に充てる時間が十分に確保できる計画とは思われない」など散々だ。

極め付きは狂犬病や結核菌などの病原体を扱う実験室について問うた設置審に、学園側が寄せた回答だろう。「人獣共通感染症学実習では動物は使わずシミュレーション動物（縫いぐるみ）を用いる」。大変な「熟度」もあったものだ。こうした指摘や疑問への対応はその後、改善されたというが「世界に冠たる獣医学部」（加計理事長）の実相はかくも捉えどころがない。

「人間の生活は〝実〟の時間の中でしか営まれない」と江藤は言う。しかし半世紀ぶりの新獣医学部には幾つもの〝虚〟が纏い付いたままだ。開学直前の今、確かな〝実〟と言えるのは「37億円相当の用地無償譲渡、建設総事業費のうち今治市と愛媛県で93・2億円補助」など常識外れの厚遇と、「男たちの悪巧み」の生臭さである。

＊　＊　＊　＊　＊　＊

加計学園の獣医学部は19年秋の推薦入試で韓国人受験生の面接点を一律零点にしたという。「国際水準の獣医学教育」が聞いて呆れる。学部新設の適法性が改めて問われる事態だ。

愛媛県や今治市側に勘所を押さえた手取り足取りの指南を幾度も行なっておきながら「総理に報告したことも、指示を受けたことも一切ない」と無理筋の主張を曲げない最側近の首相補佐官を、安倍氏は「誠実」と評した。その誠実さは、決して国民に対するものではない。安倍後継を自認する菅首相は、自身の意向に従わない省庁幹部には「異動してもらう」と言明している。「政と官」の歪んだ関係のもと、忖度官僚もまた引き継がれるのか。

炭小屋の憲法　自民党改憲案の欺瞞を超えて（２０１８年６月号）

昔から「忠臣蔵」という物語が好きになれない。命を賭して主君の無念を晴らした美談といわれるが、本当にそうなのか。考えればすぐにわかることだが、赤穂浅野家が取り潰しになったのは、内匠頭が禁を犯し江戸城内で刃傷沙汰に及んだことが全ての原因だ。どんな仕打ちを受けたにせよ冷静さを失い後先も考えず松の廊下で刀を抜いた内匠頭は、藩主失格のそしりを免れない。そんな主君の落ち度に見て見ぬふりで、吉良上野介を逆恨みする家臣連中も常軌を逸している。

哀れ炭小屋で命を奪われ、世紀の悪人呼ばわりされる吉良は、地元では今なお慕う人も多い名君だったと言うではないか。背景には時の幕府の政治的思惑があったとの見方もあり、満天下に知られるこの英雄譚、どうにも胡散臭い。

季節外れを承知で忠臣蔵を持ち出したのは、新聞の川柳欄に載ったある句に膝を打ったからだ。「おのおの方いざ討ち入りとまるで義士」（『朝日川柳』２０１８年1月24日）。1月の通常国会冒頭、居並ぶ自民党議員を前に「憲法改正は結党以来の党是。いよいよ実現のときを迎えている」と宣言した安倍首相の姿は大いに芝居じみて、なるほど山鹿流陣太鼓を打ち鳴らす大石内蔵助の心持ちだったか。

森友学園の決裁文書改ざん問題の煽りを受けて3月末の自民党大会での改憲条文案提示は叶わなかったが、現行9条とは別に「9条の2」を新設して「（9条の規定は）必要な自衛の措置を取ることを妨げず、そのための実力組織として自衛隊を保持する」と書き込む案が本命だ。首相は自衛隊を明記してもその任務や権限は変わらないうえ、同案が国民投票で否決されたとしても自衛隊の合憲性は不変とする。改憲しても何ら変化はないと内蔵助ばりの〝昼行灯〟を決め込むが、ならば一体何のための改憲なのか、国民投票で何を判断基準にすればいいのか全くわからない。

そこで首相が持ち出すのが「自衛隊員に『君たちは憲法違反かもしれないが、何かあれば命を張ってくれ』と言うのはあまりにも無責任」（18年1月24日、衆院本会議）との論法だが、上滑りな情緒論は冷静な判断を遠ざけ国を危うくするものでしかない。内蔵助を気取るなら、妄信の末に吉良邸討ち入りという「武力行使」に突き進んだ赤穂浪士が、いっとき大衆の溜飲を下げただけで無意味な犠牲者ばかりを増やした史実からこそ学ぶべきだ。第一、専守防衛の則を越える集団的自衛権行使の安保法制を強行し自衛隊に「命を張れ」と命じたのはほかならぬ首相自身である。

無責任と言うなら、現職自衛官が安保法制を違憲と訴えた裁判で集団的自衛権が行使できる「存立危機事態」について「国際情勢に鑑みても発生を具体的に想定し得る状況にない」と二枚舌を恥じない国の姿勢こそ無責任の極みだろう。そして北朝鮮の脅威を「国難」とまで強調し安保法制を正当化しておきながら、司法の場では平然と掌を返すご都合主義が「自衛隊を明記しても政府解釈に変化はない」との新9条をめぐっても起こらない保証はどこにもない。

自民党の改憲案には、すでにその気配が濃厚に漂う。当初検討されていた「自衛のための必要最低限度」との自衛隊の定義が削除されたことは重大だ。形骸化していたとはいえ歴代政権が9条2項の禁じる「戦力」と区別する歯止めとしてきた文言が消え、自衛隊の活動範囲や任務をどこまで認めるのかがますます恣意的になりかねない。さらに「必要な自衛の措置」にも何の限定もついておらず、解釈次第で現在は安倍政権が否定しているフルスペックの集団的自衛権行使になし崩しに道を開く恐れが一層高まる。矛盾する条項が混在した場合、新しい規定を有効とみなす「後法優越の原理」があり、たとえ2項が維持されてもこれらが書き込まれれば戦力不保持や交戦権否認を空文化させる蟻の一穴には十分だ。

また防衛省は法律で設置されているにすぎず、上位法の憲法に自衛隊の根拠規定を記せばその力関係が変化し文民統制も揺らぎかねない。ただでさえ南スーダンやイラク派遣部隊の日報隠蔽など「制服組」による情報隠しの横行で、統制は機能不全の危機的状況だ。9条改憲どころではない。

「いよいよ実現の時」と宣言した1週間後、首相は「国民が（改憲の）権利を実行するためには、私たちには国会で真摯な議論を深めていく義務がある」とまで踏み込んだ。寝言もほどほどにしてもらいたい。首相以下、国会議員に課されているのは憲法尊重擁護義務である。自説を展開した御用新聞を「熟読」せよと求める前に、首相は憲法99条を拳々服膺すべきだろう。

18年3月6日夜、当選1回の党参院議員との会食で首相はこう呼びかけた。「ＧＨＱ（連合国軍総司令部）によって作られた今の憲法を、日本人の手で作る作業に積極的に参加してほしい」。いよっ待ってました、十八番《おはこ》の「押しつけ憲法」論。しかし独りよがりの三文芝居ほど見るに堪えないものはない。まして東京五輪に便乗した「２０２０年改憲」という一見華やかな衣装の下から、禍々しい迷彩服が透けて見えているなら尚更だ。

5月3日は日本国憲法の誕生日、今年（18年）で71歳。卓越した識見を持ち、国内はおろか世界中で慕われる賢人を炭小屋に追い込もうとしているのは誰だ。

＊　＊　＊　＊　＊　＊

「残念ながら国民的な世論が十分盛り上がらなかった」。20年8月28日の退陣会見で安倍氏は、改憲機運が遂に醸成しなかったことを認めざるを得なかった。

まず発議要件から変えようという裏口入学の如き96条改正論を皮切りに、安倍氏は「環境権」や財政健全化のための「財政規律条項」、そして「緊急事態条項」と次々に搦手からの改憲論を打ち出したが、いずれも世論の支持を得られなかったのは、それが祖父・岸信介から続く血脈の宿願のためでしかなく、私物化だと見抜かれていたからに違いない。

自民党は9条への自衛隊明記を含む「改憲4項目」を成案としたい意向だが、新型コロナの感染収束が見通せない中、改憲がいまエネルギーを注ぐべき課題でないのは明らかだ。

シーツも汚さぬ……　国家はなぜ性に介入するのか（２０１８年11月号）

２００５年に亡くなったフォークソングの鬼才・高田渡に『スキンシップ・ブルース』という小品がある。渋いブルースのメロディに乗って高田が飄々と歌う。

「いつものように　いつもの夜に　頭に帽子をかぶせてしまいましょ　僕と君との岡本理研ゴム」「ひとりの夜に　淋しい夜に　行き場のない貴方には　シーツも汚さぬ岡本理研ゴム」――。長い日本歌謡史でもコンドームが主役の歌は空前絶後だろう。

いつだったか、高田がミュージシャン仲間と出演したＢＳ番組。即興の生ギターで何か一曲、となり共演者が悪戯っぽく高田に耳打ちした。「渡さん、あれいきましょうよ、オカモト」。タイトルだけを告げて歌い始めたが、何も知らない司会の某女優が「オカモト……」と口にしたきり絶句してしまったのを今も鮮明に覚えている。他愛もない悪ふざけだが、今ならセクハラだ何だと騒がれ放送見送りだったかもしれない。

老いてますます盛んな自民党のセンセイ方は岡本理研ゴム（現・オカモト）など使わないのだろう。

子づくりを促すご高説が相次いでいる。
「必ず新郎新婦に３人以上の子どもを産み育てて頂きたいとお願いする」（衆院議員・加藤寛治）、「子どもを産まない方が幸せじゃないかと勝手なことを考える人がいる」（幹事長・二階俊博）。不安定な収入や将来不安など出産や子育てを難しくしている現実がある、との言い分にも二階は「今晩、飯を炊くのにお米が用意できない家は日本中にない。こんな素晴らしい幸せな国はない」。子づくりの条件は万事整えてあるのに少子化なのは国民のワガママと言わんばかりだ。

　安倍晋三の秘蔵っ子議員・杉田水脈《みお》に至っては、子どもをつくらず「生産性がない」性的少数者に税金を使うなと優生思想丸出しのヘイトスピーチ。こんな暴言にも「別に大きな驚きはない」との二階の反応に何より驚くが、自民党議員の刺々しい発言の数々、何をそんなに焦っているのか。

「今が〝平時〟なら、あんたの言うことも道理だろう。しかし今はそうじゃない。何のために国が数値目標を出したと思ってるんだ」。過日、話を聞いた御年80代半ばの自民党地方組織の元幹部は、一連の発言を疑問視する筆者を一瞥してこう言い切った。氏の言う数値目標とは、15年のアベノミクス「新３本の矢」の第２の矢「夢を紡ぐ子育て支援」に明記された「希望出生率１・８」を指す。日本で出生率の目標値を含む人口政策は１９４１年の「人口政策確立要綱」以来。同要綱は太平洋戦争前夜、戦力増強へ「婚姻年齢（当時は24・3歳）を３年早くし出生数平均を５人とする」との目標を打ち出した〝産めよ増やせよ〟時代のシンボルだが、それ以来となる出生率目標が掲げられた現代はもはや〝非常時〟である以上、国が個人のプライバシーに土足で踏み込んでも文句を言うなというわけだ。

元幹部はこうも言う。「子どもを産まないのは勝手だが、労働力が減って国力は落ちる。地域（社会）も成り立たない。社会保障は支えられない。国のことを考えない情けない連中ばかりなら日本は終わりだ」。話を聞くうちに、氏の憤慨は少子化そのものより二階言うところの「自分で勝手なことを考える」ことに向けられているように感じられた。国民が国の求めに従わず独自の意思で行動することへの苛立ちは「子どもを1人もつくらない女性が自由を謳歌し、楽しんで年とって、税金で面倒みなさいというのはおかしい」（森喜朗、03年）と自民党を貫く国民観だ。二階は今回「戦中戦後の食うや食わずの時代も子どもを産んだら大変だから産まないと言った人はいない」と断言、過去には結婚・出産・子育ては「社会貢献」と言い放った東京都議までいる。

確かに日本の人口減少は深刻だ。このままのペースが続けば35年に全都道府県で人口が減り始め53年には1億人を割り込み、100年後には総人口が5000万人程度に半減する見込みだが、むしろ最も生産性のなさを恥じるべきは硬直化した家族観に縛られ、女性の社会進出や家族の多様化など社会意識の変化に対応できなかった歴代自民党政権の方ではないか。中でも人口の多い「団塊ジュニア」世代が結婚・出産年齢となった2000年代に、様々な規制緩和と非正規雇用拡大で積極的に子どもを産み育てる環境に至らなかったのは致命的だ。

子どもを持たないのは「勝手」なのか。いや私たちは断じて国家の少子化対策や経済成長のために毎日を生きているのではない。まして国が性生活への介入など大きなお世話だ。人口が減っても分相応の国の有り様を追求すればいいし、それでも社会が維持できないなら「移民」でも「難民」でも日本で暮らすことを望む人々を新たな隣人として国外から受け入れればいい――。そんな柔らかなプロテストも、十年一日の如き「安倍一強」体制の前ではいささか空しい。そうだ、こんなときこそ岡本理研ゴム。

『スキンシップ・ブルース』には、こんな歌詞もある。「頭の上で　頭の上だけで　生きてる人にもかぶせてあげましょう　僕と君との岡本理研ゴム」。頼まれてもいないのに他人の性指向に口を出し、頭の上だけで生産性だ何だと騒ぎ立てる連中には、ゴムを被せて黙らせるに限る。さぁ今夜あたり久々に歓楽街にでも繰り出して非生産的な時間を楽しむことにしよう。（敬称略）

＊　＊　＊　＊　＊　＊　＊

「86万人ショック」。20年版「少子化社会対策白書」は19年の出生数が初めて90万人を割り込んだ現実をこう評した。コロナ禍が追い打ちをかけ、21年は70万人台となる可能性もある。

業を煮やしてか、菅首相は就任直後から不妊治療の保険適用拡大や新婚生活への補助金額倍増など矢継ぎ早に政策を打ち出したが、小手先の弥縫策の域を出ない。一方で15～64歳の働く女性の半数以上が非正規労働者で男女の賃金格差は最大１・５倍にも及ぶなど、雇用の現状に切り込む抜本的対策なくして状況は好転しないだろう。少子化対策を謳うなら、安心して子どもをもうけ育てる社会環境をどう作っていくのか、首相は国民に語るべきだ。

開戦日が来るぞ　新在留資格というアジア蔑視

（2019年3月号）

後の社会に大きな影響を及ぼす出来事が数年後、数十年後に同じ日付で起こることは、それ自体はもちろん偶然である。しかし歴史を俯瞰して見渡すとき、そこに何らかの含意を探ったとしても無意味ではないかもしれぬ。1年半前の小欄（本書40ページ「もうひとつの『6・15』」）では、共謀罪法の強引な成立が、1960年の安保闘争で樺美智子さんが命を落としたのと同じ6月15日だったことから、「60年安保」と重ね合わせつつこの禍々しい法律が日本の民主主義の基盤を掘り崩す危険性を指摘した。

今度は「12月8日」だ。2018年末の臨時国会会期末、共謀罪法以来の徹夜国会となった未明の参院本会議で、将来に重大な禍根を残しかねない法律が成立した。採決が終わったのは午前4時すぎ。まさに77年前の同じ日、日本を破滅へと追いやる真珠湾攻撃が本格化した時刻だった。

この日の明け方、採決されたのが外国人労働者に新たな在留資格を設ける「改正出入国管理法」で、事実上の移民解禁に舵を切る政策の大転換だ。「特定技能1号・2号」なる新資格で介護や建設業、農業、外食業など14業種で5年間に34万人余の新規受け入れを見込むが、それぞれの職場で具体的にどんな技能水準や日本語能力を持つ外国人を何人受け入れるのか、日本語教育や住宅、医療機会の確保など外国人の生活支援の質をどう担保するのかといった制度の骨格づくりは全てこれから。この体たらくで19年4月に制度開始とは突貫工事にも程があるが、目先の労働力不足を充たすためだけの急ごしらえの受け入れ拡大が何の混乱も招かないと安倍政権が高をくくっているなら、楽観を通り越して思考停止と言うべきだ。

最大の懸念は外国人労働者の人権や雇用環境が本当に守られるのかだが、中でも新在留資格の大半を占める1号資格者の冷遇ぶりは深刻だ。技能実習生と合わせれば最長10年間も日本で働く可能性があるのに家族の帯同は禁止。山下貴司法相は国会審議でその理由を「(帯同を認めれば)家族の支援も検討する必要が生じ、人手不足という喫緊の課題に即座に対応できない」と明言、彼らを雇用の調整弁としてしか見ていない本音を露わにした。しかも何年働いても日本で永住権を得る条件である「就労資格」には含まず、日本人と同様に健康保険や年金保険料は払うのに海外にいる彼らの家族を扶養家族とはみなさない方針だ。

そもそも新在留資格は、人手不足が解消されたと判断した場合は受け入れを停止する前提での導入だ。誰が何をもって人手不足解消を判断するのか、一度始めた受け入れを日本側の都合だけで簡単に止められるのか、人手が足りればすでに資格を取得済みでも帰国を求めるのかなど疑問点も多いが、景気次第で外国人労働者が真っ先に切り捨てられることだけは疑いがない。

安倍政権は新在留資格者について「日本人と同等以上」の扱いを保証すると力を込める一方、従来の外国人技能実習制度は手つかずのまま。10年からの8年間に日本で命を落とした実習生174人について、法務省が死因をまとめたリストからは、その劣悪な境遇が浮かび上がる。中でも目に付くのは自殺の多さだ。断定されたものだけで13件、それ以外でも殺虫剤を飲んでの死や真冬の溺死など、自死の疑いの濃い案件も少なくない。祖国から遠く離れた異郷の地で、彼らはどんな思いで自ら命を絶ったのか。そして18年上半期までの1年半だけで1万1000人を超える失踪した実習生の胸に巣くう日本への絶望は、いかほど深いものだったのか。

「法改正が半年遅れれば万単位が帰国してしまう」。国会で新在留資格の施行を急ぐ理由を問われた山下法相が、思わず本心を漏らす場面があった。技能実習制度と新在留資格は「趣旨が違う」「全く異なる制度」と強調する一方で、実習生が3年経過すれば特定技能1号に自動移行でき100%の移行を見込む業種さえある絶対矛盾こそ、在留期限切れの前に実習生をつなぎ止め、より長く安価に使い倒したい安倍政権の歪んだ選民意識の表れだ。

当面、新在留資格の対象とするのはベトナム・中国・フィリピン・インドネシア・タイ・ミャンマーなど9カ国。ほとんどが先の死亡した実習生たちの出身国であり、かつて「アジア解放」の欺瞞のもと、日本が蹂躙した国々でもある。そう考えれば新入管難民法が12月8日未明に成立したのは、戦慄するほどの警句を含んでいるとは言えまいか。

「開戦日が来るぞ渋谷の若い人」大牧広。満州事変の年に生まれ、今も精力的に創作活動を続ける87歳の俳人が昨秋刊行の最新句集に載せた一句である。やれハロウィーンだ、カウントダウンイベントだと乱痴気騒ぎする若者たちに、君たちと同世代を幾万も戦地に駆り立てた太平洋戦争に突入した悪夢の日が今年も来るぞ、何も感じないのかと切実な思いが滲む。あからさまにアジアを蔑視するが如き法律の強行が、ささくれ立った時代の気分に拍車をかけるようでもある。

老俳人の視線の先の「開戦日」は過去のみならず、未来のある日時をも強い危惧を持って見通しているのだが、そんな真っ当な想像力すら浮かれ街あたりに忘れてきたのかね、渋谷の若い人。

＊　＊　＊　＊　＊　＊

国会で議論を煮詰める暇も与えず急ごしらえした特定技能制度だが、最大4万7000人の受け入れ見込みに対し初年度実績は1割にも満たず準備不足は歴然だった。一方で42万人の外国人技能実習生をめぐっては、新型コロナの入国規制のあおりで実習期間を終えても帰国できず事実上、解雇状態で生活保護もなく放置される実習生も相次いだ。人権が無視された劣悪な労働環境もそのまま。全ては国が「移民政策は取らない」「単純労働者は受け入れない」との表看板を下ろさないが故の矛盾である。

隣人として迎え入れる覚悟もなく場当たり的な労働力補充を続けていけば、アジア諸国の日本を見つめる視線が修復不可能なほど厳しくなるのは時間の問題だろう。件の俳句を残した大牧広さんは19年4月20日、特定技能導入から1カ月もたたず亡くなっている。

狙われた森　国有林民間開放の罠

（2019年8月号）

まばゆい木漏れ日が夏近しを感じさせ、木々をわたる風に汗が引いていく。森の奥から届く野鳥のさえずりが耳に心地よい。

梅雨の晴れ間の一日、長野県松本市近郊の里山を歩いた。初夏の新緑よりもさらに深みを増した緑したたる森を巡り、カラマツの巨木に触れる。澄んだ空気が全身に行き渡るようだ。

遠く信州の山並みを眺めて歩いていると足元に小さな道祖神があった。信州は路傍の道祖神信仰が根付く土地柄。使い古された「日本の原風景」という常套句も、この地では違和感なく響く。

しかし道祖神が長年見つめてきた美しい森が、令和の時代も維持される保証はない。

国土の66％が森林の日本は世界でも指折りの〝森の国〟だが、その約3割を占める国有林を大規模伐採する権利を民間業者に与える「改定国有林野管理経営法」が国会で成立した。安倍政権は「林業の成長産業化」だと鼻息が荒いが、国民共有の財産であるはずの国有林に無軌道に手が入り、国土の荒廃につながる恐れが拭えない。

新法は公募で選んだ「意欲と能力のある」林業経営者に「樹木採取権」を最大50年間付与し、対価として一定の権利設定料と樹木料を徴収する仕組みだが、最大の懸念は伐採後の再造林（植え直し）が担保されていないこと。国は伐採業者と契約を結ぶ際に再造林も行なうよう「申し入れる」としているものの、業者の良識に頼るいわば「性善説」。従わなくても罰則はなく、民間業者が事業から撤退すれば広大な山林が荒れ放題のまま放置されかねない。

またこれまで民間に委ねる国有林伐採は原則1年ごとだったのに、いきなり「最長50年」の樹木採取権を与え、伐採対象地域も現在の最大5ヘクタールを1単位として場所を特定する方式から一気に数百ヘクタールに拡大するのはあまりに乱暴だ。吉川貴盛農水相は、実際の運用では契約期間を「10年を基本とする」と説明するが、それなら最初から採取権を10年と設定すべきで、特定の業者だけが50年間も独占して広範囲を伐採できるなら国有林の民間払い下げと何ら変わらない。こうした長期かつ大規模な伐採には大型重機による作業路造成など巨額の初期投資が不可欠で、外国資本を含む特定の大手木材メーカーばかりが幅を利かせ、国内の林業者の9割を占める小規模・零細業者が淘汰される懸念もある。

林業をめぐっては2018年、所有者が管理できない民有林の伐採と再造林を、市町村を仲立ちに民間業者に委ねる法律が成立している。しかし規模が比較的小さく所有者や境界線が不明確な場所も多い民有林に比べ、まとまった面積があり境界線確定などの調査も進んだ国有林の民間開放は大規模業者にとって「待ちに待った真打ち登場」（大手メーカー関係者）というわけだ。

成長産業化の名のもとに国有林が民間の投資対象とされたり、収益確保を優先することになれば、地域振興や国土・水源地保全、二酸化炭素の吸収といった国有林本来の役割が形骸化しかねないが、安倍首相が議長を務める「未来投資会議」で民間開放の口火を切ったのは、かの竹中平蔵氏。主要農産物種子法の廃止や水道運営権を民間開放する「改正水道法」の強行などと同じ公的資源の大規模規制緩和の一環だ。この政権、国土をどこまで売り渡すつもりか。

実は国有林の民間開放について国には〝前科〟がある。かつて戦後復興や高度成長期の建設需要を当て込み全国で大規模造林が進んだが、1964年の木材輸入自由化で暗転。その後の円高も拍車をかけ木材価格は低迷し自給率は一時、2割以下まで落ち込んだ。国有林野事業の赤字額が膨れ上がる中で林野庁が一般国民に広く出資を募ったのが「緑のオーナー」制度だった。

84年から始まった同制度は原則1口50万円でスギやヒノキのオーナーとなり、成長後に伐採して競売にかけ出資者に利益を分配する仕組み。8万6000の個人・団体から約500億円を集めたものの、販売価格が制度開始時の半額以下に下落し99年に募集休止に追い込まれた。全国で対象面積は2万5000ヘクタールに上ったが、その9割以上が元本割れする有り様で、50万円を20年預けても半額以下しか受け取れない出資者が続出。それどころか近年は満期になっても予定価格以上の入札がなく、売ることさえできない山林も相次いでいる。

「資産づくりに最適」「安全確実」。当時の国の募集パンフレットは国有林の育成で資産形成をと甘言する一方、93年までは元本割れリスクの記載すらなかった。全国の出資者約240人が国家賠償を求めた訴訟の中で国は、募集当時は「消費者保護制度の整備途上の時期だった」として責任を否定。2016年に最高裁で敗訴し一部原告への賠償命令が確定した後も、国は満期を迎えた出資者が希望すれば林野庁が決めた価格で買い取るとするのみで、出資額で買い取れと求めるオーナー側との溝は埋まっていない。問題の国有林は今後、入札時期を迎えるものも多く事態がさらに長期化、大規模化する恐れもあり全面解決は見通せない。

戦後林野行政の失敗を糊塗して国有林の経済性ばかりを追い求め、甘い見通しで多くの軋轢を生んだ緑のオーナー制度。その反省もないまま始まろうとしている国有林の新たな民間開放は、豊かな日本の森をどんな姿に変えるのだろうか。

＊　＊　＊　＊　＊　＊　＊

菅氏は首相就任会見で、競争の導入で農水産物の年間輸出額が「9000億円まで伸びた」と胸を張ったが、それは安倍政権下で「成長産業化」を錦の御旗に、国内の農林水産業が常に市場原理と規制緩和の標的となってきた事実とコインの裏表だ。

農業では企業の農地所有の一部解禁や「農協改革」、生乳流通の制度変更、そして長年、コメなどの種子開発を都道府県に義務付けてきた主要農産物種子法も廃止された。そして林業改革。狭い視野の経営効率追求で農林業が衰退し、山が荒れ耕作放棄地が増えたため、その保水機能が衰えゲリラ豪雨に耐えられない。それが「美しい国」の現実である。

「唐土《もろこし》」と「蜀黍《もろこし》」 アメリカの売れ残りを買う日本 （2019年12月号）

新聞の川柳欄に思わず膝を打つ朝がある。「唐土《もろこし》が買わぬ蜀黍《もろこし》買わされる」（2019年8月28日「朝日川柳」）。わずか17文字が、問題の本質をずばりと言い当てていた。

スピード決着した日米貿易協定と抱き合わせにするように突如、浮上した米国産飼料用トウモロコシの大量購入。日本政府は買うのは民間企業で「貿易交渉とは別問題」（菅義偉官房長官）と予防線を張るが、トランプ大統領のゴリ押しに翻弄された今回の交渉を象徴する存在と言える。

購入する米国産トウモロコシは最大275万トン。日本の年間輸入量の3カ月分に相当する異常な量だが、上限の根拠も、国内の購入先や利用方法もはっきりしない。ただひとつ明らかなのは、19年8月末の安倍首相との共同会見で「中国が約束を実行しなかったために、わが国の至る所でトウモロコシが余っている。安倍首相は、そのトウモロコシを全て買い上げてくれることになった」と語ったトランプ氏の喜色満面ぶり。何のことはない、貿易摩擦による米国の売れ残りを日本が処理する隷従外交だ。

日本国内のコメの需要は減り続けており、農林水産省は水田維持のために主食用ではなく飼料用のコメ生産を倍増させる目標を立てているが、そこに飼料用トウモロコシを300万トン近くも緊急輸入すれば稲作農家に大きな混乱を招き、政策の整合性も全く取れなくなる。吉川貴盛農水相（当時）は「国内の飼料需給に影響を与えるものではない」と述べたが、どんな根拠に基づく発言か理解に苦しむ。また現状でも輸入トウモロコシの95%を米国産が占めるなか、さらに比重を高めれば、現地が凶作に陥った場合、日本は甚大な影響を受けることにもなる。

また米国のトウモロコシ生産量（年3億6600万トン）の4割が、食用ではなくエタノールに回されているという事実も看過できない。化石燃料による二酸化炭素排出量を減らすため燃料にエタノールを混ぜる国内規制があるためだが、トランプ政権は19年8月、支持基盤の石油業界の意向に応え規制を緩和した。その後、トウモロコシの需要減の懸念から価格が急落し生産農家が猛反発、日本の大量購入はその代替措置だった可能性が高い。地球温暖化対策に背を向けるトランプ政権の片棒を日本が担いだことになる。

大量購入の根拠も疑わしい。安倍首相は「害虫対策の観点から我々は購入を必要としている」（8月の日米共同会見）と発言、日本国内のトウモロコシに外来種の蛾の被害が広がっているためと説明する。確かに今夏、問題の蛾の発生が西日本を中心に確認されたものの大きな被害が出ている産地はなく、10月の国会答弁では首相自ら「総被害量を見通すことは困難」と認めた。状況把握もせず、なぜ輸入だけが早々と決まったのか。やはりトランプ氏が5月の来日時に「貿易交渉で大きな進展が得られつつある」「8月に素晴らしい発表ができる」と発言した事実からすれば、その時点でトウモロコシ輸入の密約が交わされ、害虫云々は後付けにすぎない疑いが濃厚だ。

そもそも同じトウモロコシと言っても、日本で害虫が発生しているのは「粗飼料」と呼ばれる、葉や実を細かく砕き牛や羊などに与える青刈りトウモロコシで、米国から輸入している粒トウモロコシとは種類が違う。粗飼料の代わりに高栄養の粒トウモロコシを牛に与えれば栄養バランスが崩れて病気になりかねず、単純に代替できないはずで日本政府の説明は辻褄が合わない。

日米間で認識に大きな齟齬があるのも問題だ。日本政府は、今回のトウモロコシ購入は害虫対策のための「前倒しで緊急な形での購入」（日米共同会見で安倍首相）であり年間の総購入量は変わらないと説明するが、トランプ氏は同じ会見で「追加購入」と明言。275万トンは前倒しなのか、年間総量に3カ月分を上乗せする追加購入か。さらに首相は10月7日の衆院本会議で、米側には民間の輸入前倒しへの期待感を伝えただけで「約束や合意をした事実はない」と耳を疑う答弁。ならば「日本が全て買い上げる」とのトランプ発言は一方的な曲解なのか。真相は藪の中だ。

そして何より恐ろしいのは、すでに供給が十分なのに米中摩擦の調整役、さらに米国農家の不満解消策として日本が大量購入に手を挙げたとなれば、今回で味をしめたトランプ氏が、今後も米中協議の行き詰まりや大統領選の展開次第で、日本車への追加関税もちらつかせ様々な農産物を買うよう嵩にかかってくることだ。終わりなき要求にさらされ続ける悪夢は絵空事ではない。

現在の江藤拓農水相は農業県・宮崎の選出。かつては自民党内のＴＰＰ参加反対の急先鋒で「総理を羽交い締めにしてでも（ＴＰＰに）反対する」と大見得を切ったが、９月の大臣就任後、日米交渉の結果を問われ「政治家としても農水大臣としても納得のいく内容」とまるで別人だ。

天下の自民党農林族よ、それでいいのか。トランプ氏に押し込まれるままの農産物市場開放、中でも売れ残りトウモロコシ丸抱えの屈辱は、今こそ首相を羽交い締めしてでも止めるべき世紀の愚策ではないのか。

＊　＊　＊　＊　＊　＊　＊

トウモロコシに続き、米政府は生食用ジャガイモの輸入解禁を日本に求めている。仮に解禁されれば北海道などの産地が大きな打撃を受けるのみならず、ジャガイモに寄生し枯死被害を引き起こす病害虫が流入する恐れも拭えない。

日米貿易協定の追加交渉でも、関税について日本政府は表向き「自動車、自動車部品以外は想定していない」（茂木敏充外相）との姿勢だが、20年3月末に米政府が公表した外国貿易障壁報告書では現行協定について「全ての農産品をカバーしていない」と追加交渉の必要性を滲ませている。

日本の食料自給率は４割にも満たず史上最低水準。コロナ禍で世界の農産物貿易にも影響が危惧される今、菅首相が「秋田の農家のせがれ」だというなら、国内の生産基盤強化と自国の食料確保優先へ軸足を移すべきだ。それこそが求められる「新しい生活様式」だろう。

ハイそれまでヨ　カジノ依存で溶ける品格（2020年3月号）

♪てなこと言われてその気になって　3日と空けずにキャバレーへ　カネの生る木があるじゃなし　質屋通いは序の口で　退職金まで前借りし……。昭和の「無責任男」植木等の名調子も楽しいコミックソング『ハイそれまでヨ』（1962年）の一節だ。

描かれるのは、世間の様々な口車に乗せられて散財を重ね、すっからかんになった男の悲哀。毒気をまぶした青島幸男の詞が冴えるが、令和の時代には「キャバレー」が「3日と空けずにIR（カジノ付き統合型リゾート）」に変わるやもしれぬ。

会場のどよめきは、しばらく収まらなかった。2019年12月19日、横浜市内で開かれた4度目の市民説明会。17年夏の市長選での「白紙」から一転してIR誘致に舵を切った林文子市長は、その矛盾を問われるとこう言い切った。「市民の多くの方が反対だという認識はありませんでした。大変失礼なことかもしれませんけども」。

呆れた居直りだが、現場で取材していた筆者に驚きはなかった。市長選でカジノ反対を訴えた対立候補2人の得票率が計47％に達したことなど、とうに忘れたかのような厚顔を最近の林氏に感じていたからだ。

林氏が定例会見で誘致を正式表明したのは19年8月22日。記者の厳しい追及に「白紙とは一切やらないということではない」と憮然とした表情で答えた林氏は会見後、擂りガラスの向こう側の執務スペースに入るや、持っていた説明資料を宙に放り投げる姿が目撃されている。続く9月4日の会見では「市民にお会いするが、反対と言われたことは一度もない。皆さん、にこにこしている」と驚くべき鈍感力を発揮した。

20年3月にかけて林氏が出席し市内の全18区で開催する市民説明会も、説明責任とは無縁の代物だ。予定時間は各回わずか1時間半。冒頭から1時間近くは林氏や市幹部が誘致のメリットを延々と説明するものの、肝心のIRの具体像は大半が事業者から提供されたとおぼしき「イメージ図」。後半の質疑応答は休憩時間に記入した質問用紙を集め、司会者が選んで読み上げる形式で、せっかく参加しても市長に直接質す機会はない。採り上げられた質問用紙は初回（中区）が176枚中14枚、2回目（神奈川区）は234枚中16枚。市民が発言を求め会場が騒然となる場面もあったが、市は全区で説明したというアリバイを淡々と積み上げている印象しかない。

誘致の理由として林氏が繰り返すのは「横浜の将来への危機感」。19年をピークに市の人口が減少に転じ財政悪化が懸念されること、観光客は日帰りが大半で1人当たりの観光消費額も少ないことなどを挙げ、横浜港の山下ふ頭にIRを誘致すれば市財政の15％に当たる年最大1200

億円の増収が見込まれ、経済波及効果も最大1兆2000億円とバラ色の試算を描く。だが、こうした数字にも大きなまやかしがある。

たとえば市の説明資料では、観光客全体に日帰り客が占める割合は全国、東京都がいずれも5割前後だが、横浜市は87％だとする。ところが全国と都の数値は観光庁が年4回行なうアンケートに基づくが、横浜市は市内で観光客に対面でアンケートをとったもので調査方法が全く異なる。調査時期も年末年始や大型連休中だった他地域に対し、市は観光のオフシーズンに行なうなど単純に比較可能な数字ではない。

林氏はIRに占めるカジノの面積を3％未満と強調しつつ、カジノ抜きの運営は成り立たないと説明する。経済的にはカジノとその付属施設というのがIRの実態にほかならない。また最大の懸念であるギャンブル依存症について、医学部のある横浜市立大学に「大きな役割を担ってもらう」とするが、依存症になっても大学病院が面倒をみる、というのではブラックジョークにもならない。カジノに手を出さぬことが最良の依存症対策だろう。そして林氏が真っ先に向き合うべきは、人口375万人の巨大都市が他人の不運で膨らむ賭博の儲けでしか地域振興できないのかという根本的な疑問である。

当時のIR担当副大臣、前防衛相、現職の法務政務官……。参入を企図する中国企業から現金がばら撒かれたIR疑獄は底なしの様相だが、成長戦略の柱に掲げる安倍政権は遮二無二突き進む意向のようだ。

日本人客の入場制限は週3回だが、1回の入場で24時間滞在でき日をまたげば週6日もカジノに入り浸れるのは歯止めにならないのではないか、カジノ事業者が客にカネを貸せる仕組みでは容易に借金漬けに追い込むのではないか、悪質業者を本当に排除できるのかなど、当初からの数々の疑問は全く解消されていない。変節の首長や怪しげなカネを懐に入れた国会議員の信頼度はもちろん、依存者を捨て石にカジノがなければ経済成長できないなら、そんな国の品格とやらも〝ハイそれまでヨ〟だろう。エッ、〝わかっちゃいるけどやめられない〟だって?

＊　＊　＊　＊　＊　＊　＊

♪あなたと二人で来た丘は、港が見える丘――。横浜・山手の「港の見える丘公園」を歌った終戦直後の名曲だが、IRが計画されているのはこの丘から見下ろす横浜港・山下地区。それが現実になれば「カジノの見える丘」になる、との懸念の声も聞こえてくる。本文で採り上げた横浜市の市民説明会はコロナの影響で6区を残し中断、再開されないまま林市長の動画配信でお茶を濁し、住民投票実施を求めた19万筆以上の市民請求も市議会が否決した。

IR誘致は「白紙」を掲げ当選した林氏が、市民に是非を問うこともなく「誘致」に一転したのは民主主義にもとる。林氏の任期は21年8月まで。こちらもコロナの余波で国土交通省がIR誘致を目指す自治体からの申請受付は当初予定から9カ月遅れて同年10月以降となり、今夏の市長選はカジノの是非に市民が直接審判を下す最後の機会となる。

御苑の花見

最長政権の〝終わりの始まり〟

（2020年5月号）

雛祭りの菱餅のように家々が不格好に歪む「3月裏」、着るものがなく年中、夏の格好で過ごしている「6月裏」、何軒あろうと煮炊きの釜が1つきりの「釜ひとつ裏」……。季節は春爛漫、そんな裏長屋の面々が大家の誘いで花見に繰り出すところから落語「長屋の花見」は始まる。

もちろん豪勢な花見弁当とは無縁だが、それでも酒の代わりに煮出した番茶、蒲鉾に見立てた大根、卵焼きの代用でたくあんと、毛氈《もうせん》代わりのむしろを携え、どやどやと桜の下へ。酒ならぬ〝お茶け〟を飲みながら「酔えないな、どこの酒だ」「灘の生一本だ」「俺は宇治かと思ったぞ。辛口か」「いや渋口だ」「おや〝酒柱〟が立ったぞ」、そんなヤケクソの会話も楽しい賑やかな噺。発祥の上方落語では「貧乏花見」と、さらにストレートな演題だ。

一方、こちらは貧乏花見どころか豊臣秀吉の「醍醐の花見」も真っ青の超豪華版だ。安倍首相主催の「桜を見る会」。参加者は年々膨らみ昨年は1万8000人、首相の後援会関係者や妻・昭恵氏の推薦者も雁首を揃え、我が世の春をこれでもかと見せつけた「安倍一強の宴」である。

たとえばあなたが、仕事の取引先から何かのパーティに招かれたとしよう。場所は、あるホテルの宴会場。あなたは当日、指定された会場に向かい受付で参加費を払う。

こんなとき、あなたは自分自身がホテルと直接契約をしたとは夢にも思わないだろう。パーティの契約主はあくまで会場を予約した取引先で、参加費は取引先に支払ったのであり、その後ホテル側に会場費として渡されたとしても、もとより与り知るところではない。小学生でもわかる話だ。

ところが契約主はあなただ、と言い張るのが安倍首相である。首相後援会主催の「桜を見る会」前夜祭。安倍晋三事務所が会場を申し込み、５０００円の会費もホテル側と「合意」したことまで認めているのに、仲介しただけで契約主体は８００人の参加者一人ひとりだと譲らない。

そんな世迷い言に「ＡＮＡインターコンチネンタルホテル東京」が楔を打ち込んだ。辻元清美衆院議員（立憲民主党）の質問書。２０１３年からの安倍政権下の７年間に「数百人規模のパーティ・宴会で代金を主催者ではなく参加者一人ひとりから会費形式でホテルが受け取ることはあったか。回答『ございません』」。安倍事務所側が会費を集め、その場でホテル側に渡しているから政治資金収支報告書の記載義務は生じない、との首相説明の信憑性は根底から崩れた。さらに見積書や明細書を主催者に発行しない対応や、宛名が空欄の領収書の発行も「ございません」。首相が「一般論。個別案件は営業の秘密に関わるため回答に含まれない」と例外扱いを言い繕っても、ＡＮＡホテル側は「『例外があった』『営業の秘密』と申し上げた事実はない」と一蹴した。

その後ＡＮＡ側は沈黙に転じたが、過去３度も会場となったホテルにその内容を否定されてもなお支離滅裂の答弁にしがみつく首相は、もはや常軌を逸している。3月4日の参院予算委員会では、前夜祭は「飲み放題ではなかった」と答弁。ならば800人が全て違うはずの飲み物代を事前にどうやって見積もったのか。過不足分は誰が負担したのか。後援会側なら明確な公職選挙法違反だ。さらに料理は無料かと畳み掛けられた首相はしどろもどろ。領収書や明細書をホテル側に出させれば事実は即座に明らかになるのだが、頑なに拒み「私が述べていることを信用できないなら、そもそも予算委は成立しない」と居直るばかりの首相は、誰がどう見ても詰んでいる。

極め付きは、他の国会議員がこれら「安倍方式」を踏襲しても「同じ形式なら問題ない」の答弁だろう。自ら法の抜け道を指南する最高権力者など空前絶後に違いない。首相は追及する野党議員に「人間としてどうか」といきり立ったが、その言葉そっくりそのままお返しする。

証拠は何も示さない。裏付けとなる文書は隠蔽・廃棄する。口裏合わせに官僚を利用し尽くす。安倍首相が正視に堪えぬ茶番劇を繰り返す背景に、森友・加計問題での〝成功体験〟があるのは疑う余地がない。

2月19日、学校法人森友学園をめぐる補助金詐欺事件で籠池前理事長夫妻に有罪判決。しかし問題の本質は、もちろんそこではない。小学校建設に関する国有地取引で、8億円もの値引きの根拠とされた地中の大量のごみは本当にあったのか。財務省側が異例の定期借地契約や分割払いを認めたばかりか、当初はこのケースに限って情報開示を拒むなど特例扱いの末に公文書改ざんにまで手を染めた背後に、名誉校長だった昭恵氏の存在がなかったのか。そして前理事長が国会で明言した首相名の「寄付金１００万円」は事実か。これら疑惑の解明は、自殺した近畿財務局職員の妻が起こした訴訟にかすかな望みを託すしかない。

「桜を見る会」も恥知らずな〝お友達〟優遇と公私混同、官僚への責任転嫁の構図は寸分たりとも違わないが、さりとてこの醜悪な宴は新型コロナウイルス対応で躓いた安倍政権の基礎体力を確実に奪っている。贅を尽くした醍醐の花見の５カ月後、秀吉は急逝し末期の豪遊となった。翻って現代版「新宿御苑の花見」も後世、歴代最長政権の〝終わりの始まり〟であったと戦後政治史に特記されるのではあるまいか。

＊　＊　＊　＊　＊　＊　＊

指摘通り御苑の花見は安倍政権の終わりの始まりとなった。そして安倍氏が国会で繰り返した「事務所は関与していない」「明細書はない」「差額は補填していない」は、やはり真っ赤な嘘だった。虚偽答弁は少なくとも１１８回に上る。

20年12月24日、東京地検特捜部は安倍氏の公設第１秘書を略式起訴。不起訴となった安倍氏は「知らない中で行なわれていた」と一切の責任を秘書に押し付けた。「一強」を誇った最高権力者が、配下の秘書に赤子の手を捻るように騙されたとでもいうのか。なぜ一度でも自らホテルに確認しなかったのか。巨額の消費者被害を生んだジャパンライフの元会長が首相推薦枠で招待された経緯を含め、安倍氏には語らねばならぬ事柄が山ほど残っている。

アベノマスク　新型コロナ対策という四流喜劇（2020年6月号）

「ここまで来て今さらドリフの名前を否定できるメンバーはいない。誰もが死亡記事には『ドリフターズのメンバーだった』と書かれることになるだろう」（『だめだこりゃ』新潮社）。生前こう書き残したリーダーのいかりや長介さんも、まさかグループで最も若いこの人が自身の次とは想像もしなかったに違いない。

志村けんさんが急逝した。東村山音頭、「カラスの勝手でしょ」、ヒゲダンス、変なおじさん。同じ時代を生きた誰もが、記憶に残る笑いがある。土曜の夜は『全員集合』で育った筆者世代は、昭和の最後の残り火が消えた心境だ。

そんなものと一緒にするなと志村さんに叱られるか。同じドタバタ喜劇でも、こちらは目も当てられぬひどい出来栄えだ。安倍政権の新型コロナウイルス対策。一度は打ち出した小中高校の再開を、わずか8日で修正する猫の目休校。感染者急増で慌てて軽症者を自宅療養へ方針転換。業務が減った航空会社の客室乗務員に医療用ガウンの縫製支援を求めるに至っては、戦時中の

「銃後の守り」の発想だ。場当たりに次ぐ場当たりで、スピード感もまるでない。

挙げ句の果ての緊急事態宣言だ。首相は宣言前夜「都市封鎖をする必要もない」「電車などの公共交通機関も動くし、スーパーなども引き続き営業を頂く」とするなど、宣言の前後で市民生活に大きな変化はないと言わんばかりだが冗談ではない。目に映る光景の違い以上に、外出の自粛要請や学校・劇場・百貨店などの使用停止、臨時医療施設のための土地の強制使用など、著しい私権制限を含む史上初の緊急事態宣言が、事前の国会承認もないまま野党やメディアも「早くやれ」と急かせる形で実現した事実は、戦後政治史の分水嶺になりかねないほどのインパクトを持つ。緊急事態は「国民の生命・健康に著しく重大な被害を与える恐れ」という極めて曖昧な要件で発動でき、今回の「成功体験」が蟻の一穴となり将来の為政者が意のままに強権を乱発しない保証はどこにもない。「憲法9条に自衛隊を書き込んでも現実は何も変わらない」との首相見解と通底する、騙しのレトリックを鵜呑みにしてはならない。

そもそも国や東京都は、緊急事態宣言なしにできる感染拡大対策を十分に尽くしたのか。「日本が戦後、経験したことのない国難」。こんな大時代な首相答弁（4月1日）後に、どんな方針が飛び出すかと思えば「全世帯に布マスク2枚配布」とは、ずっこけた国民も多いだろう。感染予防効果は疑わしく1世帯2枚の根拠も不明なのに、空費される国家予算は466億円とか。「アベノマスク」なる薄気味悪い語感が人々の口の端に上るに至り、あまりの無為無策は喜劇どころかホラーめいてくる。

感染を調べるPCR検査の実施件数も諸外国に比べ圧倒的に少ないまま。英国オックスフォード大学の研究者グループの3月20日までの集計によれば、人口100万人当たりの検査件数は韓国6148人、オーストラリア4473人、ドイツ2023人に対し日本はわずか117人。在日米国大使館が4月3日、「日本政府はPCR検査を幅広く実施しない方針を取っており感染率を正確に評価することが難しい」との警戒情報を出し米国人に即時帰国を促したことは、日本の感染症対策は信用するに値しないと判断したに等しい。4万人以上の犠牲者を出している同盟国にすら見限られた現実に背筋が寒くなる。

医師がPCR検査が必要と判断しながら保健所が認めず、検査を受けられない事例も相次ぐ。厚生労働省は実施件数低迷の理由に保健所の人員不足や医療崩壊への懸念を挙げるが、検査態勢が後手後手に回ったのはそれだけが原因か。東京都の感染者数が急増したのも、小池百合子知事が外出自粛要請に動いたのも五輪延期決定の直後だったことは単なる偶然なのか。延期決定前の感染防止策に何がしかの思惑が働いていなかったか、厳しい検証が欠かせない。

安倍首相が「世界的に見ても最大級」と息巻く117兆円の緊急経済対策も、ちぐはぐさが際立ち体をなしていない。あれほど夜の街に行くなと強調しながら、自粛の直撃を受ける飲食店などへの個別補償には頑として応じない。目玉だったはずの30万円給付は制度が複雑・厳格すぎて与党からも異論噴出、一夜で一律10万円給付に宗旨替えする無節操の極み。富裕層にも行き渡るバラマキの代償として、明日の生活費にも困窮する世帯への給付は当初案の３分の１に激減した。接触の８割減など「できるわけない」と身も蓋もない自民党幹事長発言や、「感染拡大を国のせいにしないで」と居直る国土交通政務官のツイートは、「雇用と生活は断じて守り抜く」（４月７日、緊急事態宣言後の首相会見）との御大層な決意表明が空念仏でしかないことの証しである。首相自身、同じ会見で今後、感染抑制に失敗しても「私が責任を取ればいいというものではない」と早くも予防線を張った。

志村さんの当たり芸「バカ殿様」は最も上の立場の人間が一番おバカだったら、との逆転の発想のコントだが、市井の苦境を尻目に愛犬と戯れる現実の為政者の愚鈍さは想像を絶する。国民は、いかりやさんに倣ってあのフレーズを呟く以外にない。では皆様ご一緒に。せーの「だめだこりゃ」。

＊　＊　＊　＊　＊　＊　＊

「泥縄だったが結果オーライだった」。首相官邸スタッフのこんな回想に慄然とする。

安倍政権の半年間の新型コロナ対応を検証した民間臨時調査会の報告書。「場当たり的な判断の積み重ね」だったと断じたが、２０２０年12月28日まで「Ｇｏ Ｔｏ」キャンペーンの旗を振っていたのに年明けには再度の緊急事態宣言に追い込まれた菅政権は場当たりの極みだ。挙げ句の果てに生活困窮者には「生活保護がある」とまで。右顧左眄した前政権の方が、まだしもまともだったと感じるほどの体たらく。感染状況同様、政権にも二番底があろうとは。

崩れたシナリオ　「黒川検事総長」の白昼夢（2020年7月号）

「シナリオでなくファクト（事実）の積み上げで議論したい」。その人物は国会で野党を挑発した。安倍政権に近い東京高検検事長・黒川弘務の定年延長をごり押しした法相の森雅子。片腹痛いとはこのことだ。

2011年の東日本大震災直後、福島地裁郡山支部は同いわき支部の検察官に対し、執務を郡山で行なうよう要請。いわき支部の被災による一時的な変更で8日後に元の所在地に戻った。また福島地検は震災後、勾留中の容疑者31人を処分保留で釈放したが、勾留10日以内に公訴提起できないとき、検察官は直ちに被疑者を釈放するよう規定した刑事訴訟法208条に基づく緊急措置で、地検は同年5月までに全員の処分を終えている。もちろん全て合法の手続きだ。

震災による原発事故で、いわき市の検察官が容疑者を理由なく釈放し最初に逃げた、との森の「個人的見解」に対する、これがファクトである。何より看過し難いのは、検察官定年延長の法解釈変更を正当化する「社会情勢の変化」の具体例として、森が真っ先にこの荒唐無稽を挙げたことだ。もとより理由になっていないが、国会からファクトが消え失せご都合主義のシナリオに支配される、それは象徴だった。

新型コロナ禍を衝いて安倍政権が目論んだ検察庁法の改定案は、検察官の定年を現行の63歳から65歳に引き上げる。併せて「役職定年制」を導入。検事総長を補佐する最高検次長検事や全国に8つある各高検トップの検事長などの幹部は原則として63歳で役職から降りるが、職務遂行上の特別の事情があると認めれば最長3年間、役職にとどまれる「特例」を設ける。

役職定年制は国家公務員の定年を引き上げる国家公務員法改定案にも盛り込まれたものの、両法案には決定的な違いがある。国公法で役職定年を迎えても留任できるのは「人事院規則で定める」場合のみだが、検察庁法では次長検事と検事長が引き続きその地位にとどまれるのは「公務の運営に著しい支障が生じる」と内閣が認めるとき。その運用基準が作られていない事実も明らかになったが、この特例規定により政権の息のかかった検察幹部は63歳になっても続投させる反面、意に反する人物はポストから外すことが可能になる。いつ第2、第3の黒川問題が発生しても不思議ではない。

あらゆる犯罪を捜査でき起訴権限をほぼ独占している検察官は、職務と責任の特殊性から一般の公務員とは任免の取り扱いが異なるべきだと考えられ、現行の検察庁法に定年延長の規定は設けられていない。

しかし長年の抑制的な運営は20年1月31日、黒川の定年延長の閣議決定で一変した。安倍政権は当初、国家公務員法の延長規定を適用したと説明していたが、検察庁法は国公法の特別法。特別法は一般法に優越するため本来、国公法で定める定年延長規定で検察庁法の63歳定年制は変更できない。さらに2月10日に立憲民主党（当時）の山尾志桜里が国公法の延長規定について「検察官には適用されない」とする１９８１年の人事院答弁の存在を指摘、黒川の扱いが違法との疑いがさらに強まると首相の安倍晋三は同13日、法解釈を変えたと唐突に表明。後付けの法制化に踏み込んだ。

それ以後の国会は、もはやファクトとは無縁の、閣議決定時には81年答弁は精査済みだったとの架空のシナリオに基づく作り話が積み重ねられた。中でも「『現在』という言葉の使い方が不正確だった。『現在』とは１月22日までのことだった」は、議会史に残る迷答弁と言える。発言主は人事院給与局長の松尾恵美子。２月12日の国会で81年答弁について「現在まで同じ解釈を続けている」と明言したが、安倍の解釈変更表明後の同19日、「つい言い間違えた」と前代未聞の言い訳で撤回。続いて飛び出したのが「『現在』とは１月22日まで……」だった。答弁の整合性云々以前に、日本語として成り立っていない。

説明によれば１月22日に法務省が人事院に国家公務員法の延長規定で検察官の定年延長ができるとの法解釈を相談し、同24日には人事院が「異論はない」との回答を書面で行なったとするが、どちらも裏付ける証拠は示されず閣議決定との辻褄合わせの疑いが濃厚だ。「法案提出まで時間があったので改めて検討した」との森の珍答弁も恥の上塗りだが、安倍政権は検察庁法改定案を国公法と抱き合わせにし、国会審議の場に森を登場させない奇策まで繰り出した。

そもそも検察庁法改定案には19年10月末に内閣法制局が一度了承した原案があり、そこに特例規定はなかった事実が明らかになっているが、黒川の定年延長正当化のシナリオから外れるいかなるファクトも覆い隠された。改定案の施行は22年4月とされ黒川は同年2月に65歳になるため「黒川氏の人事と法改正は無関係」と森は強調したが、これも見え透いた嘘である。改定案では現行65歳の検事総長の定年は68歳まで延長でき、この夏に黒川を同ポストに据えれば25年2月まで検察中枢を政権の思い通りに操れる。どす黒い謀略のシナリオはしかし、賭け麻雀が発覚した黒川の辞職で崩れた。まこと政界は一寸先は闇である。

圧倒的な反対の世論を前に安倍政権は今国会での検察庁法改定案の採決強行を見送ったが、もとより安心などできぬ。検察私物化の先に法治国家の重大な危機が待ち受けているのは紛うことなきファクトだからである。（敬称略）

＊　＊　＊　＊　＊　＊　＊

安倍退陣後の今、振り返れば黒川問題は政権がもはや制御の効かぬダッチロール状態に陥っていた象徴的出来事だった。珍妙な答弁に耐え政権に貢献した論功行賞か、人事院・松尾給与局長は21年1月、同院初の女性事務総長に昇格した。

一方で、もし「黒川検事総長」が現実となっていれば、安倍氏の「桜を見る会」疑惑も闇に埋もれたままだった可能性を思えば、それを阻んだ世論の高まりにひとすじの希望を見る。

戻れぬ航跡　アフガン文書が示す海自艦派遣の袋小路（2020年8月号）

「アフガニスタンに関する根本的な理解が欠けていた。われわれは何をやろうとしているのかわかっていなかったし、何の考えも方向性もなかった」。ホワイトハウス元軍事顧問の赤裸々な証言は衝撃的だ。

19年続くアフガン戦争に関わった政府高官や軍幹部に聞き取りした米政府の内部文書「アフガニスタン・ペーパーズ」。２０１９年末、明らかになった文書は多くの当局者が作戦失敗を認識しながら、不都合なデータの改ざんまで行ない見せかけの成果を強調してきた実態を物語る。01年の同時多発テロを機に始まった、ベトナム戦争を超える「米国史上最長の戦争」は今、大きな転機を迎えている。

よもや文書に心を動かされたのではあるまい。トランプ米大統領は20年2月29日、反政府勢力タリバンとの間で、アフガニスタンの駐留米軍約1万３０００人の撤退で合意。３月には段階的な撤退が始まった。

合意は１３５日以内に駐留米軍を８６００人まで減らし、タリバンが国内の支配地域で国際テロ組織の「活動を許さない」との合意条件を守れば14カ月以内に残りの米軍も撤退する内容。トランプ氏は「みんなが戦争に疲れている。米兵を帰還させるときだ」と強調するが、11月の大統領選をにらみ駐留費削減を外交成果としてアピールする思惑があるとの見方がもっぱらだ。

しかしアフガニスタンの前途は依然、五里霧中と言える。今回はあくまで米国とタリバンとの合意で、内容も米軍撤退に関するものに限られアフガン政府は完全に蚊帳の外。国内の安定を保証するものでは全くないからだ。

治安権限が外国部隊からアフガン政府に移された14年ごろからタリバンは国内で勢力を盛り返し、戦力面でもアフガン政府に対し優位に立っているとされる。和平合意にはタリバンとアフガン政府の停戦に向けた協議開始も盛り込まれたものの、最大５０００人のタリバン捕虜解放が前提となったことにアフガン政府は難色を示しており、停戦協議の行方は不透明。しかも協議が進まずともタリバンは責任を問われない。またタリバン側にテロ組織の活動を許さないとの合意条件も努力義務にすぎず、戦闘終結とは名ばかりだ。

アフガン戦争やイラク戦争など一連の対テロ戦争に派遣された米兵は２７７万人（15年現在）、死者は７０００人以上。アフガンだけで約２４００人の米兵が命を落とし、戦場となった国々の民間人を含めた死者の総数は77万〜80万人と推計されるという。米国がつぎ込んだ関連支出はこれまでに計６・４兆ドル（約７０６兆円）に上るが今後、退役軍人向けの支出が１兆ドル以上と見積もられ、第2次世界大戦を凌駕し史上最も高額な戦争となることは確実だ。

その挙げ句、何が残ったか。アフガン文書に記録された「誰もが『素晴らしい仕事をしている』と言うが本当か？　本当にそうなら、なぜ負けていると感じるのか」との戦争の大義への疑問が、撤退していく多くの米兵の胸にも去来しているはずである。

そして、これも「素晴らしい仕事」なのか。20年2月、同じ中東の海へ海上自衛隊の護衛艦「たかなみ」が日本を発って5カ月、6月には後継艦「きりさめ」と交代した。イラン革命防衛隊の司令官を米軍が殺害し、イランは報復攻撃の機会を窺う。対立が先鋭化する「今世紀最大の緊張」（国連事務総長）の地へ、閣議決定のみの危うい「調査・研究」（防衛省設置法）行である。

米主導の有志連合とは一線を画する建て前だが、外国商船が救援を求めたときや有志連合が交戦状態に入ったときに我関せずを貫けるのか。安倍首相は米軍との情報交換の可能性を否定せず「航行の安全確保のための一般的な情報交換」とするものの、武装勢力には一体の存在と映りかねず、憲法が禁じる武力行使に当たる恐れも拭えない。

今後、派遣部隊の情報が適切に開示されるのかも大いに疑問だ。昨秋イラン沖のホルムズ海峡を通過した際、革命防衛隊の艦船に追尾されたと報じられた海自艦2隻の航海日誌を野党議員が求めたが、防衛省が開示した文書は追尾の有無どころか同海峡に出入りした時刻や前後の動きに至るまで全て黒塗り。今回の派遣に関しても詳細な活動記録の公表はおろか、活動範囲に本当にホルムズ海峡が含まれないのかすら疑わしい。状況がさらに緊迫化し米軍からどれほど要求されても、同海峡を越えてペルシャ湾には入らないと言い切れるのか。

彼の地の緊張を高めている張本人はイラン核合意から一方的に離脱したトランプ政権であり本来、その顔色を日本が窺ういわれなど全くないはずだが、安倍政権はずるずると圧力に屈する形で海自艦派遣を既成事実化した。派遣期間は1年間だが、河野太郎防衛相は「必要ないと判断できるまで活動を続けたい」。そもそも日本独自に出口戦略が描けるとも思えない。海自艦は袋小路に迷い込みつつあるのではないか。

容易に後戻りの許されぬ航跡の行き着く先を、アフガン文書のこんな悔恨が暗示する。「真実が歓迎されることはほとんどなかった。われわれは自分たちがやっていることを続けることだけが目的になっていた」。

＊　＊　＊　＊　＊　＊　＊

20年12月11日、菅政権は「中東地域で高い緊張状態が継続している」として海自護衛艦と哨戒機の派遣期間の1年延長を閣議決定した。国会審議もなく、法的根拠にも疑問が残ったまま。何より現地の状況や1年間の派遣部隊の行動の妥当性、収集した情報とその活用の実態について検証も情報公開も乏しい中での延長決定は危うさが拭えない。

自国第一主義で海外駐留米軍の撤収・削減を進めたトランプ政権が退場し「中東に米軍を残す」と明言するバイデン新政権のもと、日本が更なる役割を求められる恐れもある。

虹と闇　歴代最長政権の黒い遺産　（2020年11月号）

男は、いよいよ末期のときを迎えた。死の床に駆けつけた親族や仲間に曰く「あの引き出しに遺産が入っているから、俺が死んだらみんなで分けてくれ」。息を引き取って一同が引き出しを開けると、太田胃散が入っていた――。色川武大さんの著書に教わった、ある浅草芸人の話だ。

一方、こちらの遺産は冗談にもならないが、安倍政権の終焉に際し積み残されたままの疑惑の一端を改めて記す。退陣を機に風化が進む恐れも強いが、7年8カ月の歴代最長政権を許してきた我々の責任として永く記憶にとどめる必要があると考える。

たとえば加計学園の獣医学部新設問題。愛媛県が2018年5月に国会提出した内部文書の真偽に決着がついていない。「腹心の友」の加計孝太郎理事長に「新しい獣医大学の考えはいいね」と語ったとされる15年2月25日の面談を安倍氏は頑なに認めないが、県文書の「加計学園から理事長と安倍首相の面談結果等について報告したいとの申出があり」会合の場を持ったとする記述や、「理事長と首相との面会を受け」柳瀬唯夫・首相秘書官（肩書は当時、以下同）が資料提出を求めた経緯の記載との整合性は未解明のままだ。

また愛媛県文書には、県と今治市の職員や学園の渡辺良人事務局長が15年4月2日、柳瀬氏や藤原豊・内閣府地方創生推進室次長と首相官邸などで面会した際の記載もある。柳瀬氏の「本件は首相案件」との意味深な一言や「要請の内容は総理官邸から聞いている」との藤原氏の発言は、官邸の断固たる意向を感じさせ、文部科学省の内部文書に記された早期開学を望む「総理のご意向」とも見事に符号するが、全面否定する安倍政権の主張通りならば、これらも全て愛媛県側の作り話ということになる。

さらに国家戦略特区を担当していた山本幸三・地方創生相が加計学園選定の2カ月前に、日本獣医師会に対し新学部を「四国に新設することになった」と明言し、「今治市が土地で36億円のほか積立金から50億円、愛媛県が25億円を負担」と具体的な金額にまで言及したと記す同会面会記録の真偽もウヤムヤにされている。

森友学園の国有地売却に絡む決裁文書改ざん問題では当時、官房長官だった菅義偉新首相にも改ざんと隠蔽を事前に知っていたのではないかとの重大な疑念が残る。

時系列で振り返れば、朝日新聞が森友問題を初めて報じたのは17年2月9日。安倍氏が「私や妻が関係していれば首相も国会議員も辞める」と明言したのは同17日。佐川宣寿理財局長が国会で「本件は売買契約締結をもって事案終了しており記録は残っていない」と答弁したのと同じ24日、菅氏は会見で「決裁文書は30年保存している。そこにほとんど書かれている。私も（佐川氏から）

説明を受けた」と答えている。

しかし麻生太郎財務相のその後の説明を信じるなら、決済文書改ざんが行なわれたのは同年2月下旬から4月にかけてで、菅氏が「説明を受けた」際に目にしたのは改ざん前の文書だった可能性が高い。だとすれば菅氏は「交渉経過記録は残っていない」と繰り返した佐川氏の国会答弁が事実に反することを百も承知だったばかりか、改ざんを認識していた疑いも浮かぶ。

そして「桜を見る会」も、その参加を詐欺のツールに使った「ジャパンライフ」元会長を誰が招いたかを含め、数々の疑惑追及を立ち消えにすれば民主主義に大きな禍根を残すだろう。

もう忘れられたかのような問題もある。安倍氏と麻生氏のお膝元を結ぶ「下関北九州道路（下北道路）」を国の直轄調査に移すべく「総理や副総理が言えないので私が忖度した」と利益誘導を語った塚田一郎・国土交通副大臣の発言。「『副大臣、これ何とかしてもらいたい』。動かしてくれということであります。吉田先生が私の顔を見て『塚田、わかってるな。これは総理の地元と副総理の地元の事業なんだよ』と」。19年度予算の閣議決定の3日前、吉田博美・自民党参院幹事長らとの副大臣室でのやり取りだという。極めて具体的で臨場感すら漂ったが、塚田氏は後に全面否定に転じた。その後、塚田氏は落選し吉田氏は急逝。当事者が国会を去る中、財政難で08年に凍結されたはずの全国6ルートの「海峡横断プロジェクト」の中で唯一、下北道路の調査が国直轄で復活した事実だけが残る。

「政権を私物化したつもりは全くない」。20年8月28日の辞任会見で安倍氏は事も無げに言い切った。アベノミクス、一億総活躍、働き方改革、人づくり革命、地方創生、全世代型代社会保障、そしてオリンピック――。安倍政権が次から次へと打ち出した新機軸は一見派手派手しく、過ぎ去ってみれば一瞬の虹のようにも錯覚するが、虹の７色を混ぜると黒＝闇の色に帰するのは暗示的だ。その闇の底深さこそ２８２２日の本質に違いない。

＊　＊　＊　＊　＊　＊　＊

「権力は腐敗する。絶対的権力は絶対に腐敗する。偉人はほとんど常に悪人である」。イギリスの歴史家の有名な言葉ほど、安倍政権を的確に言い表すフレーズをほかに知らない。

後継の菅政権は早速、意に沿わぬ学者の日本学術会議の会員任命をはねつけた。前政権の大番頭として内閣人事局で官庁人事を握り、官僚が官邸に物を言えぬ構図を主導してきた菅氏は、今度は最高権力者として同じ手法を国民各層にも拡げようとしている。時の政権の方針に何の疑問も抱かず唯々諾々と従う、それが菅氏ご所望の「総合的、俯瞰的な活動」なのだろう。しかも６人を拒否した理由を問われると「説明できることとできないことって、あるんじゃないでしょうか」。国民も随分と軽く見られたものだ。

為政者に「説明できないこと」など、あって良いはずがない。しかし菅氏に、この程度の居直りなら許されるだろうと高をくくらせたのは誰でもない私たち自身である。やはり7年８カ月は長すぎたと言うしかない。

第2部

「地域を見つめる」

馬鹿の四乗　「インパール作戦」と福島原発事故（2015年7月号）

太平洋戦争の記録を調べていると日本軍はなぜこれほど無謀な作戦に突入していったのか、これを諌め、止める者は誰もいなかったのかと、暗澹たる思いに襲われることが少なくない。とりわけ「インパール作戦」は最たる愚策のひとつだろう。

ビルマ（現ミャンマー）を占領した日本軍が、イギリスが支配する隣国・インド北東部の要衝インパールを攻略すべく同作戦を開始したのは1944年3月。そして71年前の今ごろ、補給線が延びきる中でビルマ西部、2000メートル級のアラカン山系で進退窮まっていた10万の日本兵に、雨期の猛烈な豪雨と想像を絶する飢餓が襲いかかっていた。

インパール作戦の発案者はビルマに置かれた第15軍の司令官・牟田口廉也《むたぐちれんや》。食料や弾薬など補給を度外視した作戦には15軍、それを統括するビルマ方面軍でも危惧の声が圧倒的だったが牟田口は聞く耳を持たず、戦局打開を焦る方面軍や上部組織の南方軍総司令官も黙認した。

3師団での作戦は英軍の猛反撃の前に停滞、雨期の密林で兵士たちは小隊100人の一日分の食料がわずか掌一杯のコメという極限の飢餓に直面したが、牟田口は作戦完遂を譲らなかった。3師団の1つを率いた佐藤幸徳は度重なる補給要請も牟田口に「泣き言」と一蹴され、独自で撤退を決断し、その後更迭。師団長独断での撤退劇は日本陸軍始まって以来の異常事態だった。

4カ月の戦闘で日本軍の死者3万、傷病者4万。アラカンの山野には骨と皮になった日本兵の亡骸が累々と積み重なり、敗走路は「白骨街道」と呼ばれた。インパールを含むビルマ戦線での犠牲者は日本側だけで13万を超える。しかし大本営は失敗を直視せず、インパール作戦を遂行した幹部たちも誰ひとりとして責任を問われず敗戦まで軍の要職を歴任。なかでも作戦中止に際してなお「飲まず食わず、弾がなくても闘うのが皇軍だ」と言い放った牟田口は、戦後も自身の作戦は正しかったのに敗北したのは部下たちの責任だと生涯主張し続けた。

現実を直視せず机上の空論で進められる計画、弁を弄した見苦しい言い逃れ、失敗に誰も向き合おうとしない無責任体質。しかしそれらは70年前の日本軍だけのものだろうか。福島第1原発事故をめぐる政府や東京電力の泥縄式の対応が二重写しにならないか。

たとえば貯蔵タンクが第1原発構内を埋め尽くす異様な光景が象徴する、袋小路に入ったままの汚染水問題。安倍政権が国費350億円を投じる汚染水対策を発表したのは、2020年東京五輪開催を決めた13年9月のIOC（国際オリンピック委員会）総会直前だった。総会に間に合わせることありきで、前例が乏しく実効性も極めて疑わしい凍土遮水壁を万能の解決策のように言い募ったさまは、「天長節（昭和天皇の誕生日）までにインパールを攻略する」と後先も考えず無謀な策に突き進んだ牟田口の妄執と重なる。

また第1原発の排水路からの高濃度汚染水の外洋流出を、東電も原子力規制委員会も1年近くも公表せず放置し続けたうえ、タンクの汚染水処理の完了時期すら見通せないにもかかわらず、安倍首相が「（汚染水の影響は）完全にブロックされておりコントロールされている」（3月17日の参院予算委答弁）と噴飯ものの見解にしがみつく現状は、補給を求める佐藤らの再三の訴えをはねつけた牟田口が「あと10日（最前線を）死守すれば必ず諸君らの奮闘に報いる」と現実離れした希望論を振りかざし戦況を絶望的に悪化させたインパールの惨状を想起させる。そして佐藤を「心神喪失」と決めつけて独断撤退を裁く軍法会議を開かず、インパール作戦失敗の責任追及が軍幹部、ひいては佐藤を任命した天皇に及ぶことを封印したように、東京地検は13年秋、原発事故当時の政府・東電中枢42人を全員不起訴とした。

今なお福島原発事故の原因究明どころか溶け落ちた核燃料（デブリ）の正確な位置や状態すら把握できず、国土の一角が日々、放射能に汚染され続けていても、安倍政権は全国で原発再稼働を画策し、新増設や核燃料サイクルさえ否定していない。戦後70年、白骨街道の行き着く果てに現れたこんな国の姿を、今もミャンマーの山野に眠る4万余の屍はどう見るか。寺山修司ならずとも問いかけずにはいられない。身捨つるほどの祖国はありや――。

佐藤は戦後、「大本営、総軍（南方軍）、方面軍、第15軍という馬鹿の四乗がインパールの悲劇を招来したのである」と書き残している。自らの面子と保身を優先し数知れぬ兵士たちを捨て石にした牟田口らへの激烈な異議申し立てだったが、66年に死去した牟田口は遺言により自身の葬儀でもインパール作戦について自己弁護する冊子を参列者に配布させた。

翻って、歴代政権が原発の安全性を突き詰めることもないまま未曾有の大惨事に至り、未だ故郷に帰れぬ11万超の避難者を尻目に時の為政者が「今までも現在も将来も健康上の問題は全くない」などと嘯く福島原発事故の有り様について、後世の人々は、馬鹿の何乗が引き起こしたと総括するのだろうか。

＊　＊　＊　＊　＊　＊　＊

福島県沖で津波地震が起こる可能性を指摘した「長期評価」があったのに「不誠実とも言える東電の報告を唯々諾々と受け入れ、期待される役割を果たさなかった」――。20年９月30日、福島原発事故の被災者訴訟で仙台高裁は原発事故に関する国の責任を明確に指弾した。

しかし国はもう事故など過去の話と言わんばかりだ。菅政権の基本方針に東日本大震災と福島原発事故からの復興の文言が消えたことについて、平沢勝栄復興相は「たまたまそういうことになった」。国の「第1期復興・創生期間」は20年度で終了し、復興庁が所管する21年度の復興事業の総額は６２１６億円で、過去最大だった13年度のわずか2割にすぎない。

今も福島県に戻れない避難者は2万９０００余。足抜けを図る政権を、避難生活が10年を超えようとする多くの目が見つめている。

空白の地図　鉄道は誰のものだろう（2016年6月号）

青函トンネルを抜けたグリーンの車体が、初めて北の大地を駆けた。2016年3月26日、北海道新幹線開業。東京と函館を最速4時間2分で結ぶ。

その源流は62年前。1954年9月26日夜、台風15号の悪天候を衝いて函館港を出港した青函連絡船・洞爺丸が函館湾内の七重浜で座礁し沈没、死者・行方不明者は1155人に上った。日本海難史上最悪の大惨事を契機に戦前からの青函トンネル構想が動き出したことを考えれば、洞爺丸台風がなければ北海道に新幹線が上陸することもなかったかもしれない。

一帯の海では6月1日からイカ漁が解禁される。夏から秋に漆黒の津軽海峡に揺れる幻想的な漁り火は函館の風物詩だ。こんな都市伝説が残る。洞爺丸事故直後のある嵐の夜、海峡に漁り火が並んだ。こんな悪天候にイカ漁など自殺行為と関係者が確認に走ったが、漁に出た船などなかったという。今夏、疾走する新幹線を見守るように灯る「イカ釣りの火」を想像してみたくなる。たとえ一隻の船もいない夜でも。

　しかし現実の北海道新幹線の前途は、まさしく茨の道である。ある道関係者は「東京まで４時間を切れなかったのは痛恨の極み」とため息をつく。新規開業した新青森―新函館北斗間（１４９キロ）のうち青函トンネルを含む82キロがＪＲ貨物と線路を共用するため、すれ違う貨物列車が風圧で荷崩れしないよう速度を落とすことが原因だ。

　しかも東京―新函館北斗の直通列車は１日わずか10往復。北陸新幹線の東京―金沢間24往復と比べればその差は歴然。加えて新函館北斗駅は函館市内から20キロ近く離れ、競合する空路の羽田―函館便（1時間20分）とは厳しい戦いを強いられる。見込まれる赤字は年間48億円。ＪＲ北海道の島田修社長も、札幌延伸が実現する２０３１年まで「黒字化は難しい」と認める。

　そして計画通り15年後に新幹線が札幌まで延びたとしても、それから先の道東、道北の鉄路には暗雲が垂れ込める。経営難のＪＲ北に対し第三者委員会「再生推進会議」が15年６月にまとめた提言書では、事業の「選択と集中」が必要として、赤字路線廃止を含む「聖域のない検討」を求めた。国鉄時代の廃止基準を下回る路線が全体の６割超、道東・道北のほぼ全路線が該当する。特に赤字幅の大きい輸送密度５００人未満の区間も７路線10区間あり、ＪＲ北は留萌本線の一部を12月初めに廃止する。もし10区間が全て廃線となれば、根室や稚内などからも鉄路が消える。

　北海道の人々にとってそれは、既視感を覚える光景に違いない。１９８７年の国鉄分割民営化を挟んだ10年間に道内で廃止された路線は実に22（第3セクター転換も含む）、うち１００キロを超える長距離路線も５つに上る。分割民営化前後には全国でローカル線の廃止が進んだが、中でも北海道でいかに多くの地域が鉄路を失ったかは、路線図でオホーツク海や日本海沿岸部にぽっかりと広がる広大な空白域が物語っている。

鉄道の公共性と採算性という究極的には相容れない2つの命題を突き詰めれば、最後に残るのは「鉄道は誰のものだろう」との問いである。黒字を期待できない地域に鉄道を走らせた政治の功罪は検証される必要があるとしても、一度敷かれた鉄路を易々と廃止して良いとは筆者にはどうしても思えない。鉄道は車を利用できない高齢者や子供にとって欠かせない足であるだけでなく、たとえば雪が深くバスの正確な運行が難しい北海道のような地域では確実に利用できる唯一の交通手段だ。そして何より重要なのは、たとえどんな辺境の地でも、そこに鉄道が敷かれれば日本全国と一本の鉄の道で結ばれたという心の拠り所を与え得る点だ。これは採算性という基準では決して測れない。鉄路を取り上げ全国とつながる共同性を奪ってしまうことは、その地域に住む人々の心に、先の路線図同様にぽっかりと空白を生むことにならないか。

国鉄が消えて来年で30年。全国一律の国有鉄道だからこそ可能だったローカル線の維持が、採算性優先のJRとなることで困難になり、過疎地に暮らす人々に心の空白を強いたとするなら、分割民営化はやはり誤りだったのではないか。そして新幹線開業の陰で再び現実になりつつある「廃線ラッシュ」の予感は、決してJR北だけの未来ではないだろう。

心に残る文章がある。故郷の北海道を拠点に活動した芥川賞作家の故高橋揆一郎が国鉄分割民営化の2年前、道北の日本海沿岸を走るローカル線・羽幌線に乗った経験をこう書き残している。「ある小さな停車駅のホームに見送り人が数人立っていて、中にニワトリを抱いた娘がいた。発車と同時にニワトリが娘の腕から舞い立って線路上に走ってきた。娘の悲鳴と共に汽車は急停車し、ニワトリは駅員に抱えられて無事だった。車窓の内と外でみんな笑った。ローカル線でなければこんな味のある光景にはお目にかかれない」(『太陽』85年5月号)。

しかしその羽幌線もJR発足の2日前、87年3月30日に廃止された。採算性の名のもとにこうした光景が失われていくとするなら、それはあまり暮らしやすい国とは言えない。

＊　＊　＊　＊　＊　＊　＊

国鉄分割民営から4年後の91年夏、道北、道東の幾つかの廃線跡を訪ね歩いたことがある。最北の猿払原野を貫いていた天北線、オホーツク沿岸の小さな町々を巡っていた湧網線、収支係数が最も悪く〝日本一の赤字線〟と呼ばれていた美幸線……。当時はいずれも廃線から数年しか経っておらず、夏草に埋もれつつも線路や駅の痕跡があちこちに残っていた。あれから30年近く、多くの廃線跡が山野に戻り、かつてそこに鉄路が敷かれていたことも人々の記憶から消えつつあるのだろう。

現在、JR北海道が「単独では維持困難」としているのは13路線で、100キロ以上の長大路線も多い。2020年10月には太平洋沿岸を走る日高本線の8割の廃止が合意された。新幹線が札幌に延びるころ、北の鉄路はどんな姿になっているだろうか。

太い人参のはなし

参院選「合区」という不条理（2016年8月号）

覚えているだろうか。今春、「保育園落ちた、日本死ね!!!」の匿名ブログをきっかけに待機児童問題がニュースのトップ項目を連日賑わせていたころ、長野県選出の自民党衆院議員のある発言が物議を醸した。「『保育園落ちた』との話があるが、東京を便利にすると、ますます東京に来て子育てしようとなる。ある程度、東京に行くとコストがかかり不便だ、としない限りダメだ」。

確かに不用意で言葉足らずだが、筆者は発言主を批判する気にはならない。ある一面において問題の本質を衝いていると考えるからだ。待機児童問題は一極集中が招いた大都市で顕著な現象であり、この国には件のブログ主が「何なんだよ日本。私活躍できねーじゃねーか」と怨嗟の目を向ける「日本」以外の、別の日本も存在する。過疎と少子化で学校や幼・保育園の統廃合が進む多くの地方都市や大都市の外縁部から見れば、都心であらゆる利便性を何ひとつ手放すことなく認可保育園も満遍なく整備しろ、という主張こそ「何なんだよ」かもしれない。少なくとも、そんな想像力があっていい。

こうした問題を考えるとき、筆者がいつも想起するのは東京から北海道・富良野へ移住した劇作家・倉本聰氏の一言だ。20年ほど前のインタビューだが、富良野から見える東京の有り様についてこう語っている。

「今年、天候が悪く細い人参しか取れなかったとします。僕が子どものころを考えると、昔は東京にいても細い人参があった気がするんです。今年は天候不順だからこんなに人参が細いんだという、東京の消費者も自然の影響を直接受けていた、共有していたという気がするんですよ。ところが今は、北海道の人参が細ければ九州の太い人参を持ってくる。東京は常に太い人参なんですよ。だから東京の人は、どんどん自然から隔離されている気がするんですね」（1995年10月16日、テレビ朝日系『ニュースステーション』）

倉本氏の言う「自然」を「地方の実情」と置き換えれば、先のブログ主が当たり前のように口にする「活躍」なるものが、いかに歪な構造の上に乗っているかがわかるだろう。「活躍できねーじゃねーか」と本当に叫びたいのは地方の人間の方ではないのか。

今回の参院選で島根・鳥取、徳島・高知の隣接県を1つの選挙区とする「合区」が初めて導入された。「この4県は、いじめられゆうがよ」。高知市に住む70代の女性は腹立たしげに呟いた。

東京から見れば四国4県など十把一絡げかもしれないが、たとえば徳島と高知は政治風土も県民性も様々な生活文化も大きく異なる。関西圏との結びつきが強い徳島と独立独歩の気風の高知。深い山脈が県境を隔て、両県庁所在地を結ぶ直通列車はない。明治時代の廃藩置県の際には徳島県が高知県に併合された時期もあり、それぞれの県民感情には今も複雑な部分が残る。高知出身の筆者にはそれらのことがよくわかるが、合区選定の過程でこうした地域事情が考慮された形跡はない。わずか10年余りで全国の自治体数をほぼ半減させ、様々な軋轢と地域の疲弊を招いた「平成の大合併」と相通じる安直さと粗暴さが透けて見える。

今後も合区の拡大は不可避だろう。それどころか参院の選挙制度改革論議の中では、各選挙区で3年ごとに半数を改選する現行制度を改め6年ごとに選挙を実施する定数1の「奇数区」案さえ俎上にのぼった。3年に一度の改選機会すら奪われれば、地域の声を国政に届けるパイプはいよいよ細る。衆院も新定数配分「アダムズ方式」が適用されれば、2015年国勢調査結果によると岩手・宮城・福島や熊本など被災県の定数が真っ先に削られる一方、東京は4つも議席増となる。将来、さらに都市への人口偏在が進み「四国4県で議員1人、東京だけで50人」などと極端な形になったとしても「一票の格差」さえ均等になれば、それが真っ当な議会の姿なのか。

そもそも「一票の格差」とは、地域性を無視した合区など無理筋を重ねてまで解消しなければならないものなのか。米国の上院は格差66倍（10年）。建国以来、各州の権利を平等に擁護する理念に基づき人口を問わず2議席ずつ割り当てている。こうした地域代表の色合いの強い議会はスペイン上院が格差144倍（07年）、スイス上院42倍（06年）、フランス上院38倍（05年）など決して珍しくない。日本も少なくとも一院をこうした性格とする知恵があってしかるべきだ。「一票の格差」是正論者は「歴史的経緯や国情が異なる」と無視を決め込むが、食料もエネルギーも何ひとつ自給できず、地方から「太い人参」を絶えず供給され続けなければ立ち行かない現代の東京が格差是正を求めるのは滑稽だ。

「憲法は地方の利益保護なんて一行も書いてない。（格差是正で地方にしわ寄せがきても）しょうがない」。「一票の格差」訴訟の旗振り役である升永英俊弁護士の言葉だ。過疎地に住む方が悪いと言わんばかりだが、ならば憲法は東京で子育てする母親の権利保護なんて「一行も書いてない」し、人口集中のしわ寄せで「保育園落ちた」としても「しょうがない」ですよね、升永センセイ。

＊　＊　＊　＊　＊　＊　＊

都市部の待機児童問題は毎春、注目が集まる一方で、人口減少が著しい過疎地域の保育の実態がクローズアップされることはほとんどない。

文部科学省の調査によると、全国で保育園・幼稚園・認定こども園のいずれも無い市町村は17（19年調べ）、いずれも人口５０００人未満の自治体だが、これらの子どもたちの保育を受ける権利は保証されなくてよいのか。背景には、こうした地域で主に保育を担ってきた「へき地保育所」が激減したことが大きい。これに代わる小規模保育事業はあるが、都市部の待機児童問題の解消が主な目的のため過疎地のニーズとマッチしない。

大都市の待機児童は救済するが、過疎地の子どもたちは見て見ぬふりか。それは合区問題の歪みと、なんと重なることだろう。

ビューティフルジャパン　「やまゆり園」事件・植松聖を生んだもの

（2017年1月号）

その施設は周囲の山々に抱かれるように佇んでいた。静かな山あいの住宅地、晩秋の穏やかな日差しを受ける建物群から夏の夜の惨劇を想起することは難しい。

神奈川県相模原市の障害者施設「津久井やまゆり園」。2016年7月26日未明、入所者19人の命が奪われた大量殺人は戦後最多となる犠牲者数に加え、重度障害者ばかりを執拗に狙った残忍さ、社会正義を実行したかのような元職員・植松聖の言動の異様さなど、あらゆる意味で日本の犯罪史に長く特記されるだろう。施設は県が建て替えを決定、事件当日に157人いた入所者の大半は転園や帰宅を強いられ、職員の1割にPTSD（心的外傷後ストレス障害）の疑いがあるなど、数多くの人生が翻弄された。

園から100メートルほど離れた小路に立った。あの夜、犯行直前の植松が車で乗り付けた場所。防犯カメラにはまるでこれから何か楽しい出来事でも起こるかのように、5本の刃物と2本のハンマーの入ったスポーツバッグを抱え、小走りに施設へ向かう植松の姿が記録されている。

「私が人類の為にできることを真剣に考えた答えでございます」。事件の5カ月前、衆院議長宛の犯行予告で植松は慇懃無礼にこう宣言している。この場所に立つと、どす黒い妄念の残り香が漂っているようで思わず身震いした。

厚生労働省の検討チームは同年9月、事件前の植松の措置入院をめぐり病院や相模原市の対応が「不十分だった」とする検証結果を公表。曰く病院側は大麻使用による精神障害以外の可能性を検討していなかった、措置入院解除時に病院が市に提出した「症状消退届」の支援計画が空欄だった、退院後の植松が同市内に住み続けていた事実は市の措置入院担当には伝わらず、引っ越し先とされた東京都八王子市にも連絡しなかった――。いずれもお粗末だが、それら全てに万全の対応が図られていたとしても凶行が防げたのかは疑問だ。

「ヒトラーの思想が降りてきた」。措置入院中、植松はこう語ったとされる。念頭にあったのは「T4作戦」だったか。1939年9月、第2次大戦の開戦日にヒトラーが署名した極秘司令。優生思想に基づき、指定医に重度障害者や遺伝病患者などを安楽死させる権限を与えるもので、一連の安楽死政策での犠牲者は15万人とも20万人ともいわれる。

しかし何もナチスを持ち出すまでもない。むしろほかならぬ日本ほど、優生思想が長く深く根を張った国は希有であることを植松は知らなかったか。48年に制定された旧優生保護法は「不良な子孫の出生を防止する」ことを目的に、本人の同意を必要とせず遺伝性疾患や知的・精神障害者に不妊手術を施すことを容認。ほんの20年前までこの法律は生き続け、93年にも国立大学病院の医師らが3人の知的障害者に子宮摘出手術を行なった事実が明らかになっている。

53年に出された旧優生保護法の施行に関する厚生省事務次官通知は、不妊手術について「身体の拘束、麻酔薬施用又は欺罔《ぎもう》等の手段を用いることも許される場合があると解しても差し支えない」。「欺罔」とは欺き騙すこと。半世紀で約1万6500件に上る同意なき手術の実態は藪の中だが、少なからず「欺罔」が潜んでいたことは想像に難くない。そして強制不妊手術を受けた人への補償を拒む日本政府の姿に「障害者は不幸を作ることしかできません」と嘯いた植松の犯行予告の一節が重なる。

独善的な思想は社会に巣くい、時にあからさまに、時に善意の体裁を伴って、事あるたびに頭をもたげてきた。障害者施設を訪れ「ああいう人ってのは人格あるのかね」と言い放った元都知事は前者の、異常のある胎児の中絶を促す兵庫県の「不幸な子どもの生まれない県民運動」（66～74年）は後者の典型例だろう。障害者を「不幸」と決めつけて恥じない社会が植松を育てた。「やまゆり園」事件では犠牲者名が一切公表されていない。匿名報道は事件の検証を困難にし風化を早めかねないが、惨劇の翌週の追悼集会にある遺族が寄せたメッセージは、そんな原則論を一蹴した。「（日本では）全ての命は存在するだけで価値があるということが当たり前ではないので、とても公表することはできません」。私たちの社会は、理不尽に命を絶たれた重度障害者から名前まで奪ったのである。

闇の中からオレンジ色の車体が姿を現した。東京の地下鉄銀座線、青山一丁目駅の渋谷行きホーム。「やまゆり園」事件の翌月、視覚障害の男性が線路に転落し死亡した。盲導犬とともにホームの端を歩く男性に、声をかける人間が一人でもいれば事故は起こらなかったかもしれない。だが誰も関心を払わなかった。駅で起きた視覚障害者の転落事故は年間82件（2014年度）。取り繕うかのように東京メトロはホームドア設置時期の前倒しを発表したが、計画通り進んでも6年後になお1割強の未設置駅が残る。

「世界が平和になりますように。beautiful Japan!!!!!!!」。あの夜、犯行直後に植松はツイッターでこうつぶやいた。「ああいう人」を排除した美しき国は今日も「平和」である。（敬称略）

＊　＊　＊　＊　＊　＊　＊

2019年4月、旧優生保護法下で不妊手術を強いられた障害者らに一時金320万円の支出を盛り込んだ救済法が成立。前文に「われわれは、それぞれの立場において、真摯に反省し、心から深くおわびする」と明記したが、「われわれ」が誰を指すのか明確ではなく国の法的責任への言及もなかった。

そして20年3月、横浜地裁は植松に死刑判決を出し一審で確定した。判決は犯行動機について「施設での勤務経験」が基礎になって形成されたとしたが、勤務当初「障害者をかわいいと言うこともあった」（公判で読み上げられた友人調書）植松が、ではどんな勤務経験が動機になって極端な思想に走ったかは明らかにならぬままだった。

花は咲けども　追い詰められる福島・自主避難者（2017年4月号）

少年は寄る辺ない異郷の地で、投げつけられる中傷をどんな思いで聞いただろう。東京電力福島第1原発事故で福島県から横浜市へ自主避難した中学1年の男子生徒がいじめを受けて不登校になった問題が、深刻な波紋を広げ続けている。

2011年8月の転校直後から名前に菌をつけて呼ばれたり、暴力を受けた少年。小5のときには10人前後から「（原発事故の）賠償金をもらっているだろう」と難癖をつけられ、総額150万円を負担させられた。学校は本人からの訴えに加え、神奈川県警を通じて金銭授受の事実を把握しながら放置。話し合いの場を持つよう求めた少年側の要請にも応じなかった事なかれ主義は、第三者委員会から「教育の放棄」と指弾されても弁解の余地はない。しかも教育長は先月まで多額の現金のやり取りをいじめと認めなかった。

問題は横浜の事件だけにとどまらない。「賠償金が走っている」。福島県浪江町から東京都内に避難した小学生の男子児童が転校先の運動会に参加した際、ある保護者が発した一言は同町議会でも大きな問題となった。「福島県民は馬鹿だ、奴隷だ」「福島の奴の話は聞かない」「福島に帰れ」。

首都圏で福島県からの避難者が国や東電に損害賠償を求めている集団訴訟の場では、「福島差別」と呼ぶしかない子どもたちへの罵詈讒謗の数々が明るみに出ている。中には同級生から「福島の子は病気で早く死ぬ」と根も葉もない中傷を受けたのに、否定しなかった小学校の教諭もいたという。

17年1月11日、東京地裁。2人の子どもと都内に自主避難している女性は、避難当初に通った小学校で「福島から来た子は汚い」などといじめを受け転校を余儀なくされた経験を語り「避難者だと知られることを怖がる気持ちが一番大きな傷になっている」と訴えた。欧州諸国で排斥される中東からの難民の話でも、トランプ大統領が特定の国を敵視し国境に壁を造ろうとしている米国の話でもない。私たちの国で今、起きている現実だ。「3・11」から6年。他者への共感どころか関心すら失った社会の鋭利な尖端がここにある。

「花は咲けども／春を喜ぶ人はなし／毒を吐き出す土の上／うらめし、くやしと花は散る」――。山形県のフォークグループ「影法師」が13年に発表した、福島原発事故がテーマのオリジナル曲『花は咲けども』。紅白歌合戦でも歌われた復興支援ソング『花は咲く』への、皮肉たっぷりのアンサーソングだ。

復興の遅れや先の見えぬ避難生活の哀しみを歌うが、まるで原発事故などなかったかのように振る舞う電力大消費地への視線はとりわけ厳しい。「異郷に追われた人のことなど／知ったことかと浮かれる東京／己の電気が招いた悲惨に／痛める胸さえ持ち合わせぬか」。曲の発表から4年、大都市の空気は無関心から「福島差別」へとさらに攻撃的になった。

記憶を足蹴にする人々はとうに忘れ去ったに違いないが、国は「3・11」後、満足な説明もないまま放射線量の年間許容基準をそれまでの20倍に引き上げた。その後の除染や避難指示解除、避難住民の帰還促進も全てこの20ミリシーベルトという後付けの数字が物差しだが、年間20ミリはICRP（国際放射線防護委員会）が示す復旧時の被曝線量の上限値で、原発など放射線管理区域で働く作業員と同じ制限基準。決して平穏な市民生活を将来にわたり保証する数値ではない。

しかも国は福島県外に自主避難した人たちを支援する新たな制度づくりを怠り、自然災害を想定した災害救助法による期限付きの仮設住宅提供のみにとどめた。口さがない人々が揶揄する「賠償金」など雀の涙、それどころか2万6000人の自主避難者にとって命綱と言える福島県による住宅無償提供の打ち切りが3月末に迫る。今春、安倍政権が帰還困難区域以外の全ての避難指示を解除することと軌を一にした、国家ぐるみの三行半だ。

「誰かの想いが見える／誰かと結ばれてる／誰かの未来が見える／悲しみの向こう側に」（『花は咲く』）。耳馴染んだ優しい歌が語りかけるのは、原発事故の収束を取り繕う国の思惑に従順な人々だけなのだろうか。今こそ私たちは自らに問うべきだ。20ミリ基準を鵜呑みにせず、信じるに足る情報を求めて奔走し、愛着ある故郷を離れ身銭を切ってでも家族を放射能から守ろうとした、原発事故に最も真っ当に向き合った人たちが石もて追われるこの国の今に「痛める胸さえ持ち合わせぬか」。

『花は咲けども』には、こんな歌詞もある。「1年　3年　5年　10年／消えない毒に人は戻れず／ふるさとの花恋焦がれて／異郷で果てる日を待つのか」。自主避難者が一層の苦境に立たされても、天皇が追悼式典に来なくても、原発被災地に巡る6度目の春。うらめし、くやしと花は散る。

＊　＊　＊　＊　＊　＊　＊

日本精神科看護協会の調べによると、原発事故で福島県外で暮らす避難者のうち3割の世帯が心身の健康に何らかの懸念のある家族がいるという。

特に指示区域以外からの自主避難者は、住宅無償提供や住宅家賃補助も打ち切られた。山形の避難者は雇用促進住宅を明け渡すよう裁判を起こされ（和解し立ち退き）、東京都内の国家公務員住宅に居住する避難者は家賃の2倍の「損害金」を求められた。未曾有の災禍から10年、彼らの存在に今、どれだけの人々が関心を持っているだろうか。

記憶や教訓の書き換えと言うべき事態も起きている。20年9月に開館した「東日本大震災・原子力災害伝承館」（福島県双葉町）で、体験を伝える語り部に国・東電を含む「特定の団体・個人への批判」が禁じられたという。都合の悪い記憶を封印して、誰に何を「伝承」するというのだろう。

法と理と情と　国営諫早湾干拓20年の欺瞞（2017年5月号）

沖縄・米軍普天間基地の名護市辺野古への移設計画で安倍政権は2月6日、海上での工事に踏み切った。大浦湾に十数トンの大型コンクリートブロック228個を投入し、4月中にも護岸工事に着手する予定だが、土砂投入が本格化すれば自然環境への影響は甚大で原状回復は絶望的だ。海上着工の日、菅義偉官房長官は「我が国は法治国家」と胸を張った。16年末、沖縄県の翁長雄志知事の埋め立て承認取り消し処分を違法とする最高裁判決が出ており工事強行に瑕疵はないとの含意だが、冗談ではない。それを言うなら、長崎県の国営諫早《いさはや》湾干拓事業で開門を命じる確定判決に国が従わないまま6年余が空費された事実をどう説明するのか。自らに都合の良い判決のつまみ食いを法治と言いくるめる国の欺瞞によって、美しい海が危機に瀕する構図は辺野古も諫早も共通だ。諫早の海が「ギロチン」と呼ばれる鋼板で閉め切られてから4月14日で丸20年。

全長7キロの潮受け堤防で湾を閉め切り約670ヘクタールの農地を整備した諫早湾干拓事業。総事業費2530億円にも及ぶ戦後有数の巨大開発だ。広大な干潟が多様な生物を育み、「宝の海」

とも「有明海の揺りかご」とも称される豊かな漁場を有していた諫早湾最奥部には今、乾燥化し変わり果てた干潟跡に調整淡水池の淀んだ水面が広がる。周辺の有明海では赤潮が頻繁に発生し、今冬も佐賀県沖で海苔の深刻な色落ち被害があった。冬の風物詩だった高級二枚貝のタイラギ漁も佐賀、福岡両県で2012年以降、5季連続の休漁に追い込まれている。

干拓事業は地域住民の反目と複雑怪奇な司法判断のねじれも生んだ。有明海沿岸4県の漁業者が潮受け堤防排水門の開門を求めた訴訟で福岡高裁は10年12月、漁業被害との因果関係を認め5年間の開門調査を命じ、当時の菅直人政権は上告を断念し判決は確定した。しかし国は今日に至るまで開門義務を果たさず、漁業者側に支払った間接強制の制裁金の総額は7億円を上回る異常事態だ。

国が開門義務不履行の大義名分とするのが、干拓地の営農者らが開門しないよう訴えた別の訴訟で13年に示された長崎地裁の開門差し止めの仮処分。相反する司法判断により「どちらの立場にも立てない」が国の建て前だが、実際には昨年来の同地裁の和解協議で、国は開門しない前提で漁業振興基金として100億円を拠出する案を「最終解決策」と称して提示。その軸足がどこに置かれているかは明らかだ。

開門の「か」の字もない基金案には、狡猾な計略も巡らされている。今回は営農者が起こした開門差し止め訴訟にもかかわらず、国は裁判の直接の当事者ではない漁業者に基金案受け入れを迫った。確定判決で敗訴した国が、勝訴した開門派の漁業者に新たな選択を強いる構図自体が異様だが、大金をちらつかせて一枚岩だった開門派の分断を誘い、たとえ協議が物別れに終わっても漁業者を矢面に立たせる思惑が透けて見える。

農林水産省は秘密裏に開門派説得の想定問答も作成、協議を国に有利な方向に誘導する裏工作まで展開していた。しかも基金を管理・運営する一般社団法人に国は加わっておらず、100億円を使い切ればその時点で有明海が再生しようがしまいが一切関わりを持たずにすむ仕掛けだ。事実上の手切れ金にほかならない。

長崎地裁の和解協議は2月24日、漁業者側が基金案受け入れを拒否し決裂。その直前に国が提出した上申書は、開門派の訴えについて「自己本位で不合理」なものと切り捨てた。まさしく本音が剝き出しになった形だが、その言葉、そっくりそのまま国にお返しする。かつて開門判決を受け入れた厳粛な事実への責任感など微塵も感じられない自己本位は、一体どちらの側なのか。

宝の海を分かつ巨大な潮受け堤防は、ひとたび走り出せば後戻りを許さない不合理な戦後政治の記念碑として、100年後も諫早の海を汚し続けるのか。


「蜂の巣城」と言っても戦国武将の話ではない。九州の戦後史に刻まれた、大規模公共事業への雄々しき抵抗の記憶だ。

1950年代末、国が筑後川上流に計画した「下筌《しもうけ》ダム」。降って湧いたダム計画に、地域住民の先頭に立ち13年にわたり反対運動を展開したのが一帯の山林大地主、室原知幸《むろはらともゆき》。室原は自らの財力を惜しげもなく闘争資金に注ぎ込み、まるで中世の砦のような蜂の巣城を予定地の山深い峡谷に築き、70年に死去するまで国家権力の土地収用に真っ向から抵抗を貫いた。建設省（当時）を相手取ったダム事業認定無効確認訴訟でも一歩も退かず、63年の東京地裁判決は結論こそ原告敗訴だが、判決の随所で室原の主張を認め国の河川行政を痛烈に批判した事実は今なお語り草だ。「公共事業は法に叶い、理に叶い、情に叶うものでなければならない」。こんな至言を遺した泉下の室原翁が諫早干拓20年の軌跡を見れば、そのいずれも及第点に遠く及ばないと悲憤慷慨するに違いない。言わずもがな辺野古も然り、である。

＊　＊　＊　＊　＊　＊　＊

19年９月、排水門を開けるよう命じた確定判決の無効化を求めて国が起こした訴訟の最高裁判決。国勝訴の二審判決を破棄し差し戻したが、裁判長は「開門せず」の決着を強くにじませる意見を付けた。開門以外に深刻な漁業被害を回復させる手立てがあるのか、何の答えも示さないまま非開門が既成事実化されようとしている。

翌20年夏、有明海の再生を願い続けた長崎県島原市の漁師・中田猶喜さんが亡くなった。10年の確定判決を勝ち取った原告の一人。旬を迎えた車エビ漁の船上で倒れたと聞く。

水煙を上げて落ちていく293枚の〝ギロチン〟で豊穣の海が一変して間もなく四半世紀。おそらく最高裁の裁判官も、訴訟で「漁獲高は増えている」と主張する農水省の官僚も、中田さんが魚を追った恵みの有明海を知らない。何より、一度は受け入れたはずの確定判決を握り潰そうとする国を法治国家とは呼ばない。

塔は赤錆びて　地方にとって〝バブル〟とは

（『季刊高知』2017年夏号）

今春、東京都美術館の「『バベルの塔』展」に足を運んだ。16世紀に活躍したネーデルラントの画家ブリューゲルの「バベルの塔」は、旧約聖書の物語を題材に天に伸びる壮大な巨塔が、1つの煉瓦、1本の足場まで細密に描かれた美術史に残る傑作だ。70センチ前後の小さな絵に塔の建設に携わる1400人を描き込む超絶技巧に溜息が出た。

バベルの塔は旧約聖書冒頭の「創世記」に登場する伝説上の高楼。人間が神の下まで届く巨大な建造物を造り、その町を有名にしようとしたと記され、人間の愚かさ、傲慢さへの戒めの物語として知られる。しかし神の領域に達するバベルの塔が高慢への警鐘なら、現代の人間が天空高く築いた塔はどのような訓戒を語るのか。そう感じさせる場所が瀬戸大橋のたもとにある。

岡山県倉敷市下津井。景勝地・鷲羽山《わしゅう》の中腹に異様な佇まいの巨大鉄塔が立つ。高さ150メートル、丸型の観覧席が鉄塔を軸に上下する回転展望塔。バブル経済絶頂期の1988年、瀬戸大橋開通と同時期に橋を見渡すドライブインの付属施設としてオープン。後にホテルに姿を変えたが、バブル終焉で客足は落ち込み97年に閉鎖された。以来20年、撤去もままならず、かつて回転昇降式タワーとして世界一の高さを誇った白い塔の廃墟は浮き出た赤錆びが痛々しい。

「これはまさしく〝バブルの塔〟ですよ。見栄えも悪いし早く撤去してほしい」。下津井で乗ったタクシー運転手の嘆きに頷きつつ、そう言えばバベルとはヘブライ語で「混乱」の意味だったと思い出した。錆びるに任せて放置された巨塔を見上げ、至るところ落書きだらけの無残なホテル廃墟に立てば、20世紀末の狂騰がもたらした混乱の傷の深さを思う。ホテル運営会社も、その親会社のゴルフ場経営会社もすでに存在しない。

昨今バブル時代への回顧が耳目を集め書店には関連本も並ぶが、地方にとってバブルとは何だったのかとの視点はあまり語られない。当時、箍の外れた狂騒曲の舞台装置を整えたのは国だった。86年に「民活法」、87年に「総合保養地域整備法（リゾート法）」が相次いで施行され、88年には「ふるさと創生」と銘打ち各市町村に一律1億円を交付。数々の財政上の優遇措置や規制緩和に目のくらんだ全国の地方自治体は、民間企業と手を組んでリゾート施設誘致に一斉に走り出した。国は施行から17年後の2004年になってリゾート法の基本方針を変更、政策の誤りを事実上認めた形だが、各地の山野に骸をさらす廃墟は〝政策バブル〟のなれの果てだ。

バブル時代の後遺症は「国民休暇県」なるスローガンを掲げていた高知県とて無縁ではない。痕跡の1つが、室戸市と東洋町にまたがる「エンヴィ・リゾートまぜの海」構想。建設費900億円で高級ホテルやゴルフ場、マリーナ、そして下津井と同様に回転展望塔も整備する計画だったが頓挫。その破綻が自治体財政を圧迫し、後の高レベル放射性廃棄物（核のごみ）最終処分場誘致問題（07年に当時の東洋町長が応募したが町長選で敗れ撤回）の遠因にもなった。バブルの記憶はその徒花に踊らされた地域に今なお深く刻まれ、あたかも古傷のように時として疼く。

夕暮れ。瀬戸内海からの一段と強い風が赤錆びたワイヤーを鳴らし、巨大な鉄塔は夕闇に沈んでいく。バスに乗り遅れるなと日本中に〝リゾート〟が乱造されたあの時代、天を衝くような塔の高みから人々が見ようとしたのは、どんな景色だったのか。そして今、アベノミクスとやらで観光立国だ、カジノ付きリゾートだと前のめりの空気は、かつての浮ついたそれとどこか似通ってはいまいか。そう問いかけても、二度と動くこともないだろう〝バブルの塔〟は何も語らず風の中に立っている。

＊　＊　＊　＊　＊　＊　＊

１９８８年４月10日、岡山県倉敷市と香川県坂出市を結ぶ全長９３６８メートルの瀬戸大橋が開通。折しもバブル経済の真っ只中、観光客増を当て込んで周辺に幾つもの豪華施設が計画・建設されたが、わずか数年でその夢は弾け、高額な通行料金も相まって大橋の交通量も予測値を大きく下回った。結果としてその周辺が、バブル経済とその崩壊が地方にどのような傷跡を残したかのショーウインドーとなったことは歴史の皮肉だ。

鷲羽山の回転展望塔廃墟から数キロ沖、瀬戸大橋を間近に望む周囲２・５キロの小与島。住人12世帯36人が島を後にしたのは大橋開通の2年後だった。島をまるごと「ベネチア風海洋リゾートに」との計画のもと、全島を買収したのは前年に鷲羽山の施設を建設したのと同じ「日本ゴルフ開発」なるゴルフ場経営会社。91年には島の最北端で3階建て全室オーシャンビューの白亜のホテルが営業を始めた。しかしわずか6年で施設閉鎖に追い込まれ、日本ゴルフ開発は2006年に倒産。ほぼ無人の島のリゾート廃墟は今も哀れな姿をさらしている。

開業にこぎつけただけまだまし、と言いたげな廃墟もある。大橋を遠望する岡山県玉野市の王子が岳山麓の「王子アルカディアリゾートホテル」跡。リゾート法に基づく国立・国定公園施設整備事業の第1号として環境省の外郭団体が国税40億円を投じてバブル経済末期の93年に建設、玉野市が出資する第3セクターが取得したもののバブル崩壊で資金不足に陥り、営業開始にすら至らず放棄された。

こちらも白亜の7階建てに赤い屋根の南欧風リゾートは豪華絢爛な外観だが、ギリシャ語の「理想郷」を冠した巨大廃墟は、あのころの日本人が官民を挙げていかに常軌を逸していたかを無言で物語りつつ、一度も使用されぬまま山々の深い緑にのみ込まれようとしている。

もちろんこれらは、日本中に熱病のように拡がった悪趣味なバブルリゾートのほんの一例である。昭和末年のバブル絶頂期、日経平均株価は3万円を突破し、国も自治体も企業もあぶく銭に群がった。そんな金満ニッポンの夢の、いや妄想の死屍累々たる残骸は、あの時代の記憶に蓋をしてお前たちはどこへ行こうとしているのかと問いかけているようだ。

黒い猫

獣医学部新設返上の勧め

（『季刊高知』２０１７年秋号）

石垣を見上げながら杉の段を走る。冷気に包まれた木立を抜けると、独特の香りとともに動物の鳴き声が聞こえてきた。あれはサルの声、などと思う間もなく梅の段へと駆け上がる長い坂道は急で、息が切れたことを覚えている。卒業を間近に控えた高校３年生の３学期、体育の授業。私たちは高知城の周囲を何周も走った。元号が昭和から平成に改まった冬、まだ城内に小さな動物園（旧高知市立動物園、１９９２年閉園）があった、そんなころだ。

「君たちの多くは卒業すれば県外に出るだろう。でも生まれ育った街の城くらいは覚えておいてほしい」。お城での持久走は、体育教諭のそんな言葉で始まった。今でも帰省して高知城を見上げるたびに思い出す。一方で、その言葉は県内の進学先の少なさの裏返しでもあった。特に筆者は私立大学への進学を目指すクラスで、県内での進路は極めて限られていた。実際、筆者も含めクラスのほとんどが県外、その多くが四国外の大学に進んだ。ふた昔前の思い出話だが、現在でも高知の高校生の進学先は８割超が県外と聞けば選択肢の乏しさは相変わらずかと寂しくなる。

ところがそんな四国に突如、救世主が現れた。「四国に1校もないのはどう考えてもおかしい」「四国にない状況を何とかしなくてはならない」――。愛媛県今治市への獣医学部新設問題が焦点となった先の通常国会で安倍首相は四国、四国と連呼したが、とても額面通りには受け取れない。それどころか、まるで四国が人質に取られているような、この居心地の悪さは何だろう。

確かに四国は獣医学部の空白地域で愛媛県や今治市が長年設置を求めてきた事実はあるものの、諸手を挙げて歓迎するには選定過程に不透明な部分が多すぎる。「（獣医学部が）広域的に存在しない地域に限り」などの条件が土壇場で加わった経緯は明らかに不自然なうえ、新学部が国の定めた獣医学部新設4条件を満たしているかも疑わしい。たとえ地域のニーズがどれほど高くても、手順が適切さを欠けば社会に広く受け入れられ地域に長く根を張る教育機関にはなり得まい。

加えて52年ぶりの獣医学部新設がどんな需要見通しに基づくものなのか、今に至るも一向に見えてこない。批判が強まると首相は一転、今治への設置は「中途半端な妥協」の産物だったと言い切り「地域に関係なく2校でも3校でも」。国家戦略特区担当の山本幸三・地方創生相（当時）に至っては「獣医師の需給の量とか数を、はっきり示すことなんて無理」と開き直った。今治に獣医学部が新設されれば四国4県からも多くの学生が集うはずだが、その程度の覚悟と粗雑な丼勘定で彼らの将来に責任が持てるのか。詰まるところ選択肢の少ない四国の足元を見ているだけではないのか。わやにすな（土佐弁で「馬鹿にするな、軽く扱うな」などの意）、と言いたくなる。

「黒い猫でも白い猫でも、獣医学部をつくってくれる猫が一番良い猫」。前愛媛県知事は国会の参考人質疑でこう断言したが、それでいいのだろうか。公正さを欠いた獣医学部が誕生し四国が後ろ指をさされるのは耐え難い。文部科学省の審議会は認可判断を先送りしたが、国が選定をやり直さないのなら、今からでも返上を申し出るべきだと本気で思う。問われているのは四国の矜持である。

＊　＊　＊　＊　＊　＊　＊

四国とは、まこと面白き島である。古くは京の都、続く江戸・東京を中心とした〝勝ち組〟による「正しい（とされる）歴史」とは全く異なる、もうひとつの記憶や伝承が深く刻まれた〝アウトサイダーの島〟と言える。

とりわけ筆者が生まれ育った土佐は平安時代以来、流刑の地とされ応天門の変（866年）に連座した紀夏井《きのなつい》、保元の乱（1156年）の藤原師長《もろなが》、平治の乱（1159年）の源希義《まれよし》、承久の乱（1221年）の土御門《つちみかど》上皇らが配流された。

また四国の山峡のあちらこちらには源平合戦に敗れた平家落人伝説が残っており、土佐の山間の村には壇ノ浦の戦いで入水したとされる幼い安徳帝が密かに落ち延び、隠れ住んだとされる伝説も伝わる。

遠流の為政者や敗走した落人が、草深い辺地で抱いた無念の思いや中央への烈々たる反抗心を受け止め、血肉化してきた四国の風土。貴種流離譚の島である。

さらに霊場と呼ばれる場所が88カ所も存在し遍路道が隅々にまで延びる、生と死の距離が非常に近い土地柄でもある。

現在、四国もご多分に漏れず人口減少の波に洗われている、と言うよりフロントランナーの感もあるが、その足元を見透かすように「腹心の友」への利益誘導の舞台とした中央権力の胴欲さに我慢がならない。古の戦いや権力闘争に敗れた者たちの魂、そして死者への思いが息づく島を、ルールを都合よくねじ曲げる卑劣な権力者が土足で踏み荒らすことが許せない。

後の記録のために発言者の氏名を記そう。「四国は離れ小島」。加計学園問題をめぐる討論番組（17年7月1日、テレビ朝日系『朝まで生テレビ』）で、こう言い放ったのは自民党の片山さつき参院議員である。後に地方創生大臣も務めた人物のこの卑しい心根は、獣医学部新設がせいぜい貧しい地域への施し程度の意識でしかないことを物語る。この一言だけを考えても筆者は決して「白い猫でも、黒い猫でも……」とは思えない。離れ小島でも、いやそれだからこそ譲れぬ矜持があるはずである。

夢の杯　築地市場移転の「排除の論理」（2018年1月号）

「お前さん、起きとくれ。今日という今日は商いに行っておくれよ」。師走の声を聞くと寄席に必ずかかる古典落語の名作『芝浜』は、腕は良いが大酒飲みでうだつの上がらない魚屋・勝五郎に業を煮やした女房のこんな言葉で始まる。

しぶしぶ芝の魚市場に仕入れに向かった勝五郎だが、ひょんなことから早朝の浜辺で42両入りの皮財布を拾い、この金で当分遊んで暮らせると大喜び。友人を集めて大酒盛りの末に寝てしまう。翌朝、女房から財布などない、それは夢だと一喝されようやく改心した勝五郎、酒を断ち人が変わったように働いて小さな店も構えた3年後の雪の大晦日。女房が「見てほしいものがある」と取り出したのは、あの皮財布……。

古典落語の中興の祖、三遊亭円朝が即席の三題噺から着想したとされる『芝浜』。大正末期の関東大震災で焼失するまで江戸の魚河岸と言えば日本橋だったが、芝にも江戸前の小魚を商う雑魚場があったという。明治末期から埋め立てられた芝の入り江跡は今、ＪＲ田町駅に程近い、新幹線や山手線に囲まれた小さな公園（本芝公園）となり往事の名残を探すのは難しい。

本芝公園から東京湾を挟んだ現代の魚河岸・築地と豊洲。市場移転問題をめぐる一連の迷走劇を勝五郎が見れば、後世の連中は一体何をやっているのかと呆れ返るに違いない。

２０１７年7月の東京都議選告示直前に小池百合子知事が打ち出した、豊洲に移転したうえで築地を再開発し5年後を目途に「食のテーマパーク」に、との方針はどう見ても急ごしらえの生煮えな内容だ。都は18年10月11日に豊洲新市場を開場し直後に築地市場を解体する方針だが、至近距離の２つの市場をどう共存させるのか、テーマパークの中にどのように市場機能を持たせるのかなど、基本的な構想すら今もって示していない。

「アウフヘーベンが必要だ」。17年6月9日、市場移転問題をどう判断するかを問われた小池氏は、こう胸を張った。ある事柄をそれ自体否定するが、より高い次元でその要素も取り込み活かすという概念の哲学用語で、その結果が「築地は守る、豊洲は活かす」だという。難解な横文字をしたり顔で口にするあたりが「いかにも」だが、ちょっと待ってほしい。都は仲卸業者が希望すれば豊洲から築地に戻れると簡単に言うものの、肝心の築地の将来像が五里霧中なうえ、大型冷蔵庫などすでに豊洲に巨額を投じた業者も多い中、再び築地へ戻るには二重の費用負担が必要で、現実には限りなく空手形に等しい恐れがある。

一見「希望」のようだがその実、高すぎるハードルを設定し踏み絵を踏ませる手法は、アウフヘーベンどころか総選挙で味噌を付けた「選別と排除」の論理そのもの。ひとたび豊洲移転へと舵を切った小池氏は、築地再整備派の思いに応えるつもりなど「さらさらない」とは言いすぎか。

そもそも知事就任直後に豊洲新市場の開場計画を延期した最大の理由は、土壌汚染の懸念だったはず。ところが都議選後に小池氏は地中の汚染物質を環境基準値以下にする「無害化」をあっさり撤回。地下水管理システムの機能強化など追加対策工事で「地上の安全に万全を期する」と言うが、汚染土壌は放置され盛り土もなされず、これでは何のために開場延期したのかわからない。「安全だが安心ではない」「地上と地下を分ける考え方を消費者が理解してくれるか」――。かつて自らが口にした疑問に小池氏はどう答えるつもりなのか。


とはいえ迷走の責任を全て小池氏に被せるのは筋違いだろう。「部下に一任していた」「記憶にないものはない」。17年3月の東京都議会、百条委員会での石原慎太郎・元知事の無様な醜態は、誰も事態に向き合わない底無しの無責任体質の象徴だった。盛り土を省いた背景はおろか、東京ガスの土壌汚染対策を限定的にした01年の合意も、汚染土壌処理費用のうち東ガス負担分を78億円に限った11年の用地取得契約の詳細も、石原氏は「いちいち細かい問題を詮索する立場ではない」と言ってのけ「私は何をすべきだったとおっしゃるんですか」。かつて自らの意に沿わぬ官僚を「木っ端役人」呼ばわりした石原氏だが、自身の木っ端ぶりを遺憾なく発揮した。

何をすべきだったかは小学生でもわかる。環境基準の4万3000倍ものベンゼンが見つかるなど、10年以上の用地取得交渉の過程で幾度もあった立ち止まる機会を一度でも活かしていれば今日の惨状はなかった。こんな泡銭を持てば一層深みにはまり何の解決にもならないと、これは夢だと言いくるめてでも勝五郎を立ち止まらせた女房のような才覚を、1000万首都自治体の誰ひとり持ち得なかったことが病理の核心だ。

『芝浜』の下げ。自分を真人間に立ち直らせた咄嗟の機転を心から感謝する勝五郎に、久々の酒を勧める女房。3年ぶりの杯に口をつけたが「よそう、また夢になる」と思い直す有名な台詞を、移設問題に翻弄される現代の勝五郎たちはどう聞くか。移設決定後にも基準の120倍のベンゼンを検出、大量のカビまで発生した豊洲新市場。夢になるなら喜んで杯を飲み干すという市場関係者は多いに違いない。「リセット」を叫びたいのは彼らの方ですよ、小池知事。

＊　＊　＊　＊　＊　＊　＊

築地市場の豊洲移転から2年半。「豊洲は活かす」は大きな壁に突き当たっている。コロナ禍で市場を取り巻く環境は激変。外食の水産物の需要が落ち込み、多くの仲卸業者はかつてない売り上げ減少に見舞われている。

一方「守る」はずの築地市場跡地の将来像も全く見えてこない。都は19年3月、「卸売市場を整備することはない」と明記した都の築地再開発方針を発表。その中核となるのは国際会議場だという。五輪後、「食のテーマパーク」となる商業施設を整備し、競りができる市場機能を残し、豊洲に移った業者も戻って来られるようにする……との小池知事の当初の説明は、いつの間にか無かった話になってしまっている。まるで『芝浜』の皮財布のように。

きっとわかるはずなんだ　沖縄の少女と新聞（2018年10月号）

あの日から3カ月近くがたっても、思い出すと胸が熱くなる。少女が紡ぐ力強い不戦の決意は、摩文仁《まぶに》の丘の風に乗り「平和の礎」に名を刻む全ての戦没者にとって何よりの慰霊となったに違いない。いやむしろ彼らの思いが結集して今を生きる少女に託されたかのように、堂々と会場を見渡し全てをそらんじた圧巻の朗読は、現代史に長く記録されるべき6分半だった。

2018年6月23日、太平洋戦争末期の沖縄戦の犠牲者などを悼む「慰霊の日」の追悼式で浦添市の中学3年生、相良倫子さんが朗読した自作の詩『生きる』。「私は、生きている」で始まる詩はまず、現代の島の情景を生き生きと描く。「心地よい湿気を孕んだ風」「遠くから聞こえてくる潮騒」「青く輝く海」「萌え出づる山の緑」「優しい三線の響き」「照りつける太陽の光」。取り繕うことのない日常の言葉ばかりだが、その詩を聞く人は誰しも摩文仁の丘に立っている錯覚を覚えただろう。国が愛国心などと鯱張らずとも、「私はなんと美しい島に生まれ育ったのだろう」との彼女の感懐こそ〝郷土を愛する心〟のみずみずしい発露だ。

その美しかった島が「死の島と化した」73年前のくだりを語る直前、相良さんの表情が束の間、歪んだように見えた。「小島のさえずりは恐怖の悲鳴と変わった。優しく響く三線は爆撃の轟に消えた。青く広がる大空は鉄の雨に見えなくなった。草の匂いは死臭で濁り、光り輝いていた海の水面は戦艦で埋め尽くされた」。

さらに彼女の豊かな想像力は「阿鼻叫喚の壮絶な戦の記憶」を生きた人々の姿を自らに引き寄せる。「みんな、生きていたのだ。私と何も変わらない懸命に生きる命だったのだ。人生を、それぞれの未来を疑うことなく、思い描いていたんだ」「それなのに。壊されて、奪われた。生きた時代が違う。ただ、それだけで」。〝ありったけの地獄を集めた〟と形容される地上戦に消えた幾多の無念が、現代の14歳に受け継がれる。これも島の有する伝承の力か。

６分半の中で筆者が最も心動かされたのは次の一節だ。「あなたも、感じるだろう。この島の美しさを。あなたも、知っているだろう。この島の悲しみを。そして、あなたも私と同じこの瞬《と》間《き》を一緒に生きているのだ」「だから、きっとわかるはずなんだ。戦争の無意味さを。本当の平和を。戦力という愚かな力を持つことで、得られる平和など、本当は無いことを」。名護市辺野古への新基地建設に反対を貫き8月に急逝した翁長雄志知事が、最後の追悼式出席となった「慰霊の日」にこの若く凜としたメッセージを見届けることができたのは何よりの餞になったと筆者は信じる。

過去・現在・未来に目を凝らし、過去の過ちを未来に起こさぬよう「未来は、この瞬間の延長線上にあるからだ。つまり、未来は、今なんだ」と結ばれる壮大な叙情詩は、戦中、理髪店で働き沖縄戦の第32軍司令官・牛島満中将の散髪をしたこともある94歳の曾祖母の「戦争は人を鬼に変える。絶対にしてはいけない」との言葉が根底にあると地元紙・琉球新報が伝えている。

ところが、そんな沖縄からの声に露ほども思い至らない薄っぺらな言葉が「慰霊の日」の翌日、政権中枢から吐かれた。麻生太郎副総理兼財務相は派閥議員の政治資金パーティで、若年層で自民党支持が高いとし「10代、20代、30代は一番新聞を読まない世代だ。新聞を読まない人は全部自民党なんだ。新聞を取るのに協力なんかしない方がいい」などと軽口を叩いたという。

前日の詩『生きる』との、何という落差だろう。毎度お馴染みの「麻生節」と片付けるわけにはいかない。沖縄の少女が「あなたも知っているだろう」と問いかけた「この島の悲しみ」や「きっとわかるはずなんだ」と切実に訴えた「戦争の無意味さ」について、新聞も読むなと嘯く御仁は知る必要などないと言っているに等しいからだ。沖縄の基地問題ひとつ取っても「危険な基地の側に後から住む方が悪い」「基地の見返りの振興策で潤っている」などと歴史に無知で、事実を手前勝手に曲解するインターネット上の言説の方が安倍政権には好都合なのだろう。

実はそんな「新聞を読まない世代」からの投書が麻生発言と同日、当の新聞に掲載された（朝日新聞東京版『声』欄）。愛知県のソーシャルワーカーという33歳の女性は学生時代、政治に関心なく新聞はテレビ欄しか見なかったが、出産・育休中に世間への孤立感から読み始めた新聞には「育児や働き方など身近な問題が詰まっていた」と驚く。そして憲法は私たちのもので、政治家を選び国を任せているのは私たち自身となぜ誰も教えてくれなかったのか、若者の生きづらさは社会の問題だと気付かせてもらいたかった、と綴る。

30代にもなって〝気付かせてもらいたかった〟もないものだが、政権中枢が新聞など読むなと言い放つ国が他人任せの大人を育てたのか、こうした幼稚な大人ばかりだから自民党政権が続くのか。いずれにしても「新聞を読まない人は全部自民」の内実など、こんなものでしかない。

沖縄の14歳が鋭敏に感じ取ったこの国の有り様に思い至らぬ〝本土〟の30代に、相良さんの大先輩とも言うべき女性詩人の有名な一節を贈りたい。「自分の感受性くらい　自分で守れ　ばかものよ」（茨木のり子『自分の感受性くらい』）。

＊　＊　＊　＊　＊　＊　＊

麻生太郎という男は、どこまでも口さがない。20年9月には、通信制高校での講演で「若者が政治に無関心なのは悪いことではない」と言い切った。そのココロはアフリカや中東など「ボール蹴飛ばして遊んでいたら地雷踏んで、というところに生まれちゃった子は嫌でも政治に関心がないと生活できない」が、日本の若者は「政治に関心がなくても生活できるぐらい、いい生活をしている」。

この朴念仁は永遠に気付かないのだろう。重すぎる基地負担と止まぬ米軍犯罪、そして辺野古新基地問題で沖縄を「嫌でも政治に関心がないと生活できない」島にしているのは、ほかならぬ自民党政権だということに。

25%の未来

南海トラフ地震予測が奪うもの

（『季刊高知』２０１８年冬号）

考えても意味のないことと理解しつつも「歴史のｉｆ（もしも）」を想像するのは興味深い。もし本能寺の変が起こらなかったら。もし関ヶ原の戦いで西軍が勝っていたら。もし幕末、坂本龍馬が暗殺されなかったら。もし真珠湾攻撃が回避されていたら……。歴史のターニングポイントで、起こらなかったもうひとつの選択肢が現実になっていれば、その後の日本と世界はどう変わったのだろうか。

歴史と同じく未来にもｉｆがある。ただしこれは「もしも」ではなく「予測」という名で呼ばれるのが曲者だが今、高知が直面する最も切実な「未来のｉｆ」は南海トラフ巨大地震がいつ、どれほどの規模で起こるのかだろう。国は本震の大規模地震のみならず、その前兆と疑われる現象についても情報発信や避難など防災対応を検討している。先手先手の対策が万一の際の被害軽減に必須であることに異論は全くない。その一方で、何か割り切れぬ思いが消えないのはへそ曲がりの筆者ひとりだろうか。

国の地震調査研究推進本部が毎年公表する、今後30年以内に震度6弱以上の揺れが起きる確率を示す「全国地震動予測地図」。2018年版で高知市は75%。高い数値だが、たとえ予測が正確だとしても25%は6弱以上の揺れが起こらない――即ち南海トラフ地震が発生しないか、たとえ起きても予測より大幅に規模が小さい――可能性を、私たちはどう受け止めればよいのだろう。

18年6月、土木学会は南海トラフ地震発生後2年間で、高知県の大部分では地域内の経済活動の70%以上が損なわれる恐れがあるとの試算を発表した。気の遠くなるような数字だが、実は高知はまだ起きてもいない地震によって、目に見えない多くの損失をすでに被っているのではないか。そんな思いを拭えないのは、数年前のある取材経験からだ。

首都圏から地方へ工場移転を検討しているという自動車部品メーカーの経営者に、移転先の条件を尋ねたときのこと。筆者が高知出身と知る由も無い経営者は、いの一番に冗談めかしてこう言ったのだ。「南海トラフ地震だっけ? あんなので何十メートルも津波が来るって言われてる地域は問題外だろう、誰が考えたって」。二の句が継げなかったが、その伝でいけば、想定震源域だからと競争にもならぬうちに企業進出先の選択肢から外され、高知が失う経済利益はどれほどになるのだろう。思えば黒潮町の全国最大「34メートル」を筆頭に高知県沿岸の巨大津波予測も、あくまで想定し得る最悪の値であり、ひとつの可能性にすぎないはずなのに。

経済活動に限らず、たとえば「田舎暮らし」に憧れる都市住民の移住先や若者の進学・就職先など、高知をめぐる様々な人や物の動きに南海トラフ地震の被害想定が有形・無形の影を落としているなら、想定震源域でなければ、あるいは繰り返し公表される被害予測という〝風評〟がなければ得られた未来の幾つかを、予め高知は失っているのかもしれない。横浜市や千葉市など先述の予測地図で高知市よりも確率が高い自治体もあるが、もとより大都市圏から遠いなど地理的なハンディキャップを抱え人口減少のフロントランナーである高知にとって、ひとつひとつの喪失が持つ意味はとりわけ大きいはずだ。

東日本大震災の教訓からか、南海トラフ地震ほど、その事前防災が繰り返し叫ばれている天災をほかに知らない。そのことは決して間違ってはいないのだろう。

しかし永遠に、とは言わぬまでも、もし50年後、いや30年後に〝25%の未来〟が現実になったとき、その間に高知が失ったものに一体誰が向き合ってくれるのか。〝75%〟が外れたから「良かったね」で済む話ではない。地震対策は確かに重要だが、人はいつ来るとも知れぬ巨大地震に備えるためだけに日々を生きているのではない。

＊　＊　＊　＊　＊　＊　＊

高知県黒潮町で津波高最大34・4メートル——。2012年3月31日、内閣府有識者検討会が南海トラフ地震の予測をこう公表したときの衝撃は今も忘れられない。翌13年3月に被害想定が最悪220兆円を超えるとの試算を公表、同5月には国の地震調査研究推進本部が南海トラフの地震活動の長期評価を見直し30年以内の発生確率を「70%程度」とした。18年2月には

「70～80％」と一層高い数値に変更。他の地震予測に比べても飛び抜けた高確率だ。

ところが20年度の科学ジャーナリスト賞を受けた中日新聞の連載記事「南海トラフ80％の内幕」を目にして驚愕した。12～13年の推進本部の下部組織での議論で、ほとんどの地震学者から南海トラフ地震の発生確率の算出方法「時間予測モデル」について批判や疑問の声が噴出していたというのだ。

不明を恥じるばかりだが、記事を読むまで南海トラフ地震の確率を割り出す算出方法だけが他の地震と全く違っている事実を知らなかった。同紙の小沢慧一記者が情報開示請求した地震学者による専門家会議の議事録によると、時間予測モデルに関して「南海トラフだけ使っていることはおかしい」「科学的に妥当ではない」と厳しい批判が相次ぎ、他の地震と算出方法を統一すれば南海トラフ地震の30年確率は「8～20％」になる事実が語られている。

議事録には低確率説を公表しようとする地震学者に対し、防災学の学識者が「下げると『税金を優先して投入して対策を練る必要はない』と集中砲火を浴びる」「何かを動かすには、まずお金を取らないと」などと強く抵抗した経緯も記されている。

南海トラフ地震の30年確率がもし20％程度なのであれば、高知など想定震源域を取り巻く様々な社会環境は大きく違ってくるはずだが、議事録からは日本の防災行政の深い闇の存在が垣間見える。一刻も早く発生確率モデルをまともな内容に戻すべきだ。

「あの日」の残映　東日本大震災8年・残された謎　（2019年4月号）

平成時代の終焉が間近に迫り、未曾有の「3・11」の記憶も徐々に遠ざかる。東日本大震災から間もなく8年。安倍政権は震災復興はもはや〝総仕上げ〟の段階だとして、国が重点支援する「復興・創生期間（第1期）」を震災から丸10年の2021年3月末で終了する方針だ。報道も年々減り、風化が現実味を帯びる。しかし巨大津波が襲った岩手・宮城・福島の沿岸部であの日、何が起きていたのか、私たちは今も多くを知らないままである。

震災の総犠牲者の2割近い約4000人の死者・行方不明者が出た宮城県石巻市。中心部から車で40分、東北一の大河である北上川の右岸、釜谷地区に市立大川小学校はあった。全校児童108人、1学年1クラスの小規模校。津波は河口から3・7キロのこの地ものみ込み、避難行動を始めたばかりの児童74人と10人の教職員が死亡・行方不明となった。そのとき、学校にいて生き残ったのは4人の児童と1人の教諭だけ。学校管理下で戦後最悪の惨事だった。

児童たちは地震発生後、津波襲来の寸前まで校庭にとどまった挙げ句「三角地帯」と呼ばれる北上川の堤防道路に向かい、高さ8メートル超とみられる黒い波にまともにのまれた。なぜ1〜2分で行ける背後の裏山へ即座に逃げなかったのか。複数の児童や迎えに来た保護者、そして教師の間からも傾斜の緩い裏山への避難を求める声が上がっていたとの証言がある。校内にはスクールバスも待機していた。校庭の防災行政無線や市の広報車が大津波到来の急を伝え、堤防に近づくなと繰り返し警告していた。一刻を争う緊急時に何が高台避難をためらわせたのか。そもそも誰が、どのように児童たちの行動を決定し指示したのか。遺族には8年たっても解けぬ疑問だ。

中でも教職員で唯一の生存者である男性教務主任には強い疑念が向けられている。震災翌月、彼は遺族に対し、こう語った。津波が迫り裏山の斜面に着いたとき、倒れてきた2本の杉の木に右腕と左肩を挟まれ、その瞬間、波をかぶった。ずぶ濡れになり眼鏡も靴もなくしたが、斜面の上で助けを求めていた3年生の児童を必死に押し上げ、自らも児童を「目の代わり」にして山を登った――。しかし後の調査で、倒木は津波や震災後の強風によるもので地震の揺れで倒れた木はなかった事実が判明しているうえ、教務主任と児童を救助した住民は「2人は濡れていなかった」と語るなど、関係者の証言は大きく食い違っている。また津波後もしばらくは大川小周辺で助けを求める声が聞こえていたとの証言もあるが、教務主任が児童の救助に動いた形跡はない。

震災後、PTSD（心的外傷後ストレス障害）を発症したとされる教務主任が、遺族の前に姿を現したのはこの一度きり。一部の遺族が市や県の責任を問うた訴訟にも出廷せず、彼があの日、何を見、どんな行動を取ったのかは謎のままだ。

昨秋には東北大学による解析で、巨大津波の第1波が大川小に襲来した時刻は従来推定より5分ほど早い午後3時31～32分ごろだった可能性が示された。惨事の全体像に見直しを迫りかねない指摘だ。真相は今も藪の中である。

大川小は昨春、閉校したが旧校舎は震災遺構として保存が決まり周辺整備が進む。一方で保存すら許されなかった遺構もある。津波で当時の町長と職員計28人が命を落とした岩手県大槌町旧庁舎。保存を求める町民から訴訟も起こされたが現在の平野公三町長は撤去方針を譲らず今年1月から解体を開始、旧庁舎があった場所は8度目の命日を前に更地となった。

地震発生直後、町は旧庁舎前の駐車場に災害対策本部を設置、約40分後に津波に襲われた。しかし旧庁舎は過去の津波浸水域にあり、震災前年に配布された職員防災手帳には緊急時、高台の中央公民館に対策本部を設けることが明記されていたが実行されなかった。平野氏は震災当時、防災担当の総務課主幹で手帳作成の中心人物。なぜ規定に反して対策本部を役場前に設置したのか、庁舎屋上に逃れて生き残った平野氏ら22人との生死を分けたものは何か、そして岩手県沿岸12市町村の中で唯一、避難指示も勧告も出さなかったのはなぜなのか。平野氏は全てを知るはずだが、満足な説明もないまま旧庁舎解体を強行した。

平野氏は解体の理由を「見たくないという住民に寄り添う」と繰り返すが、町民の1割に当たる1286人が犠牲となった町役場の初動対応への疑念を体現する旧庁舎遺構を、最も見たくないのは誰だったのか。

後の震災関連死を除く東日本大震災の死者・行方不明者は１万８４４６人。２０１１年３月11日、３県の沿岸部では知られざる幾多の「大川小」「大槌庁舎」が存在したのかもしれない。それから８年、復興という名のまちづくりが進み、姿を変えていく被災地で「あの日、何があったのか」の問いだけが置き去りにされていく。

＊　＊　＊　＊　＊　＊　＊

19年12月２日、石巻市の亀山紘市長は旧大川小学校の津波被害について、初めて市の過失を認め「命を守れず申し訳ない」と謝罪。20年11月４日には宮城県教育委員会の研修として、新任校長が旧大川小を訪れ遺族の話に耳を傾けた。県教委は21年度以降、新規採用した全ての教職員に旧大川小での研修を行なうことを検討している。

19年10月、一部児童の遺族が市と県を訴えた損害賠償請求訴訟で、事前防災の不備など学校や市教委の責任を認めた最高裁判決が確定。それまで責任の所在を明確にしていなかった県と市は、震災から10年近くを経てやっと向き合う姿勢に転じたと言えるが、あの日、教師たちはどうして誤った指示を出してしまったのかという疑問は依然として残る。

一方の大槌町。19年夏、ようやく町の震災記録誌『生きる証』がまとまった。岩手の沿岸被災地で最後の発刊。取りまとめにこれほどの時間を要したこと自体、震災とその後の対応がいかに深い傷を町に残したかの証しといえた。

あんぱん買って、お茶買って　汽車旅への憧憬と現在地

（『季刊高知』２０１９年夏号）

故郷は遠きにありて、とは言うものの、本当に遠くからやきもきしている。改めて目の前に突きつけられると、実に厳しい数字だった。ＪＲ四国が２０１９年3月、初めて公表した管内9路線18区間の路線別収支。本州と結ぶ本四備讃線以外は軒並み赤字で、１００円の収入を得るために必要な経費である「営業係数」は予土線が１１５９（円）でワースト。５月には本業の儲けを示す昨年度の営業損益が過去最大の赤字額だったことも発表された。

同社社長からは予土線の維持を困難視する発言も飛び出した。不採算路線の存廃問題では、道内の半分近い路線を「自力維持は困難」と表明したＪＲ北海道が突出していたが、１９８７年の民営化後、一度も鉄道事業が黒字になっていないＪＲ四国も徳俵に足がかかった格好だ。

巨額の赤字は、長年の悲願である「四国新幹線」の行方にも深い影を落とす。たとえば財源問題。あまり知られていないが現在建設中の整備新幹線3区間（北海道・北陸・九州）の資金繰りは、相当に歪な構造となっている。もともと、その建設費は運行するＪＲ各社が開業後30年間の線路

使用料を「貸付料」として支払い、残りの3分の2を国、3分の1を沿線自治体が距離に応じて負担する仕組みだったが到底財源が足りず、13年には開業済みの区間で将来得られるはずの貸付料を担保に金融機関から借金して建設費に回す〝先食い〟を開始。それでも足りず15年からは、まだ開業すらしていない3区間の貸付料も先食いしているが、なお500億円以上の財源のメドが立っていない。すでに鉄道のほぼ全てが赤字の四国が、こうした蛸が我が身を食うような荒っぽい財源調達に耐え得るのか。

また整備新幹線開業に伴ってJRから経営分離される「並行在来線」の問題もある。将来、瀬戸内側から高知駅まで四国新幹線が開業し、並行する土讃線が自治体などの出資する第3セクター化された場合、現状でも琴平（香川県）―高知間の赤字額が域内最多の鉄路が持ち堪えられるだろうか。新幹線が逆に沿線住民の足を奪うことになれば本末転倒だ。

そもそもJR四国の経営難の元凶が32年前の国鉄分割民営化にあることは何度でも強調したい。民営化はやむを得なかったとしても、全国一体の経営形態を放棄し分割してしまったことで、人口の少ない四国や北海道での苦境は最初から目に見えていた。しかも鉄道の赤字を国出資の「経営安定基金」の運用益で穴埋めする事業モデルが超低金利の長期化で行き詰まるなど、分割民営の制度設計の誤りはもはや明らかなのに、現在の窮状が地域の努力不足かのように突き放されてはたまらない。国鉄改革を主導した国が鉄道機能維持に責任を持つのが筋だろう。

厳しい話ばかりになってしまったのは、決して本意ではない。鉄道の旅、四国の語彙で言えば汽車の旅は本来、心躍る時間のはずである。最近、こんな楽しい文章に出会った。グラフィックデザイナーで居酒屋探訪家の太田和彦さんがエッセイ（『サンデー毎日』19年2月10日号）で紹介していた、少年時代に目にした漫画『のらくろ』の一場面。読者の皆様もぜひ思い浮かべてほしい。故郷に帰るのらくろの、見開きいっぱいに描かれた蒸気機関車の遠景には次のような一文が添えられていたという。

「トンネル抜けて　山越えて　止まるたんびの停車場で　あんぱん買って　お茶買って　飲んだり食べたりすることも　楽しいことの汽車の旅　お腹が張って眠くなり　夢も楽しいふるさとの　思い出のせて汽車は行く　がったんごっとん　ぴーぽっぽ」

今年ももうすぐお盆、里帰りの季節。筆者も含め今は県外に暮らす多くの高知出身者にとって、四国の鉄道は「夢も楽しいふるさとの」鉄路である。走り続けてほしい、令和の時代にも。難題は少なくないけれど、ともかく頑張れ、頑張れＪＲ四国。がったんごっとん、ぴーぽっぽ。

＊　＊　＊　＊　＊　＊

ＪＲ発足を２日後に控えた１９８７年３月30日、テレビ朝日『ニュースステーション』は「さよなら国鉄スペシャル」を放送した。分割民営に至る過程を詳細に検証し、政治が鉄道の有り様を歪めてきた実態をかなり踏み込んで描き出した力作だったが、その中で番組の初代コメンテーター、故小林一喜さんがこう語っていたことが忘れられない。

「国鉄という名前が消えても、３月31日から４月１日にも鉄道は同じように動くんですね。ですから変わり方はすぐには目に見えないと思うんです。しかし国有鉄道がなくなり、株式会社になることで恐らく何か大きな変化があるんじゃないか、それがもしかすると私たちの国民生活にあまり良くない影響を及ぼすんじゃないか、そんな懸念がやはりありますね」

それから30年余、この小林さんの問いかけへの答えとも呼ぶべき事態が、じわりと表面化してきている。

２０１８年３月、島根・江津市と広島・三次市を結ぶＪＲ西日本・三江線（１０６キロ）が廃止された。分割民営化後、本州で１００キロを超える路線の廃止は初。人口減で苦境に立つ地方ローカル線の脆弱な経営基盤に、温暖化で加速する自然の猛威が襲いかかる。近年、北海道や九州などで災害による鉄路の寸断が相次ぎ、復旧のメドが立たない路線が廃止やバス転換を迫られている。そこにコロナ禍での利用減が直撃。全国一律の経営体ならば補えたかもしれない損失が地域会社では背負いきれず、廃線の憂き目に遭うとすれば30年越しで分割の弊害が影を落としている格好だ。

東日本４５００億、東海１９２０億、西日本２４００億円の赤字（21年３月期決算の業績予想）。コロナ禍でＪＲ全社が巨額赤字に転落する前代未聞の事態だ。人口の少ない北海道・四国・九州会社は、さらに苦境に立つ。住民の生活や観光を支える公共インフラとしての地域鉄道の未来をどう描くか、今こそ国は主導する責務がある。

続・馬鹿の四乗

辺野古新基地・繰り返される無謀
（2019年7月号）

「大本営、総軍（南方軍）、（ビルマ）方面軍、第15軍という馬鹿の四乗がインパールの悲劇を招来したのである」――。食料や武器弾薬の補給を度外視した計画で3万余の日本兵が命を落とし、太平洋戦争で最も悲惨かつ無謀と酷評される「インパール作戦」で一個師団を率い後に解任された元師団長は戦後、非を認めぬかつての上官たちへの激烈な異議申し立てを残した。極限の飢餓状態で骨と皮になった兵士の亡骸が累々と積み重なった敗走路は「白骨街道」と呼ばれ、今も数万の遺骨が遥かビルマ（ミャンマー）の山野に残されたままだ。

しかし、ひとたび動き出した計画の破綻が明らかでも容易に後戻りできない日本社会の悪癖は、今なお解消されていない。筆者は小欄第3回（本書98ページ「馬鹿の四乗」）で、次々と難題が降りかかる福島第1原発廃炉への迷走と、それでも原発推進を転換しない日本のエネルギー政策がインパール作戦と相似形を描きつつあるのではないかと指摘した。だが、どうやら75年前の悲劇を想起させる袋小路は福島だけではないようだ。現実を直視せず無理に無理を重ねた計画と見苦しい言い逃れ、誰も失敗に向き合わない無責任体質というインパールの愚を、安倍政権は沖縄・辺野古の海でも繰り返そうとしている。

迷走する米軍普天間基地の名護市辺野古への移設計画はインパール作戦と極めて類似点が多い。まず圧倒的な反対意見を押し切り強行されること。沖縄の世論は繰り返し反対の意思を鮮明にしているが、安倍政権は「沖縄には沖縄の、国には国の民主主義がある」（岩屋毅防衛相）と一顧だにせず辺野古への土砂投入に踏み切った。政権に一片の聡明さや誠実さがあれば、あまりの無謀さから当初は軍部内でも反対が大多数だったインパール作戦が、一部の主戦論の前に冷静な判断が封じ込められた歴史を思い返すべきだが、そんな思慮は露ほども見えない。

現実離れした日程観と、見当外れの使命感が独り歩きしている点も共通だ。太平洋戦争開戦から2年余の1944年春、南方戦線で敗退が続いていた日本軍が戦局打開へのわずかな望みを託してインパール作戦は始まったが「天長節（昭和天皇の誕生日）までにインパールを攻略」などと机上の目標ありきで、補給を含めた綿密な計画が練られた形跡はない。盧溝橋事件やシンガポール攻略戦を率い、インパール作戦を立案・指揮した第15軍司令官の牟田口廉也は「今回ほど必勝の信念が沸き起こる思いをしたことはない」と自己陶酔しているが、この何ら根拠なき確信こそが、作戦失敗が明白になった後も撤退を躊躇させ、犠牲者を加速度的に増やす元凶となった。

普天間基地問題でも、当初示された日程が次々に破綻し手詰まり状態は明らかだ。96年の日米合意で「5～7年以内」とされた全面返還目標はすでに遠い過去だが、2014年2月に安倍政権が約束した「5年以内の運用停止」も反故にされ、沖縄側が求めている新たな運用停止時期について「(辺野古の埋め立て海域の)軟弱地盤の問題もあるし、示せるわけがない」(自民党関係者)。そんな政権がすがるのは「世界一危険な普天間の固定化は絶対に避ける」(菅義偉官房長官会見)との原則論だが、国の見立てですら3年8カ月かかる軟弱地盤改良工事のための設計変更を県が認めるはずもなく、辺野古への拘泥が永続的な普天間固定化を招く自家撞着に陥っている。

そして何より重大なのは、絶望的な状況が明白となっても方針転換できない計画の自己目的化だ。開始から3カ月、ビルマ西部の山岳地帯で進退窮まった10万の日本兵を、雨期の猛烈な豪雨と想像を絶する飢餓、マラリアや赤痢などの伝染病が襲い、もはや続行不能は誰の目にも明らかだったが、撤退論を泣き言と一蹴した牟田口が「飲まず食わず、弾がなくても戦うのが皇軍」と言い放ったインパール作戦。一方、埋め立て海域で現在の技術では対応不能な深さにマヨネーズ並みの超軟弱地盤が見つかり、万策尽きたにもかかわらず別地点の調査数値を基に「安定的な施工が可能」との詭弁まで弄して費用も工期も見通せない泥沼の工事に突っ込もうとしている辺野古新基地計画。面子にこだわり冷静な現状分析もできない頑迷固陋は甲乙つけ難い。

牟田口はインパールの責任を問われることなく敗戦まで軍要職に就き、戦後も作戦は正しかったが失敗したのは無能な部下のせいだと生涯主張し続けた。翻って、19年3月の国会審議で5年の普天間閉鎖約束を守れなかった要因を問われた安倍首相は「全力で取り組んできた」と自己弁護し、こう言葉を継いだ。「しかしながら沖縄県が埋め立て承認を取り消し、さらには承認を撤回するなど、根本的な部分において仲井眞元知事と認識を共有した当時と大きく変化している」。問題の行き詰まりを沖縄側に責任転嫁する逃げ口上まで、インパールの愚将と二重写しになる。

昭和のインパール作戦が残したものが白骨街道なら、令和の辺野古は約２６０種の絶滅危惧種など、５８００種以上の生物を育む大浦湾の手つかずの自然と、何より破壊され尽くしたこの国の民主主義が沈む慟哭の海となるのか。その無残な光景を招来させるのは一体、馬鹿の何乗なのか。

＊　＊　＊　＊　＊　＊　＊

国が20年４月に沖縄県に申請した辺野古工事の設計変更は、県北部に限っていた埋め立て用土砂の調達先を軟弱地盤対策として沖縄戦の激戦地だった本島南部にも広げるとする。

そして21年１月、陸上自衛隊と米海兵隊が15年に結んだ極秘合意の内容が明らかになった。辺野古新基地完成後は一体運用される米軍キャンプ・シュワブに陸自の離島防衛部隊「水陸機動団」を常駐させるという密約。実現すれば辺野古には日米共同利用の強大な恒久基地が出現することになる。「辺野古が唯一の解決策」の本当の狙いはこれなのか。

「沖縄県民斯ク戦ヘリ　県民ニ対シ後世特別ノ御高配ヲ賜ランコトヲ」。沖縄戦司令官の最後の電信文はあまりにも有名だが、「ありったけの地獄を集めた」と称される地上戦の果ての「御高配」が今なお多くの遺骨が眠る激戦地の土砂を用いた日米一体の巨大新基地だとするなら、本土決戦の捨て石とされた島々は救われない。

発情狂時代

高速鉄道建設の無理無体

（2019年11月号）

もうふた昔前になるが「改革派」と呼ばれた知事が各地で登場した時代があった。宮城の浅野史郎、三重の北川正恭、岩手の増田寛也、高知の橋本大二郎、鳥取の片山善博……。当時の知事会は「闘う知事会」を掲げ、国にもの言う姿勢を貫いた。後に橋下徹や東国原英夫らタレント知事が現れ、メディアの耳目を引きつつも結局は国のお先棒を担ぐまでの一時期の話だ。

すっかり牙を抜かれたと思っていたら、久々に国や社会の同調圧力に抗する知事が現れた。一体何が起きているのか。

2027年開業予定のリニア中央新幹線（品川―名古屋）の建設工事をめぐり、静岡県知事の川勝平太とJR東海の対立が抜き差しならない状況だ。長野・静岡・山梨3県にまたがり南アルプスの真下を横断するトンネル工事（全長25キロ）で大井川源流部の掘削が予定されるが、JR側の水量減少対策に県が納得せず静岡工区（8・9キロ）は唯一、着工に至っていない。

流域の10市町、県民の6人に1人が生活用水として利用するほか、1万2000ヘクタールの農地や工業・発電用水にも活用する大井川は、まさしく静岡の生命線。高度成長期以降は国の電源開発の影響で渇水が頻発、直近でも18年12月から19年5月にかけて県民は長期の節水を強いられた。トンネル工事で南アルプスの地下水の流れが変化したり、大量の湧き水で大井川の水量が減る危惧から「水は経済活動の根幹で1滴たりとも失えない」(島田市長の染谷絹代)の声が上がるのは無理からぬ話だ。

しかしJR東海は、こうした県民の切実な懸念を蔑ろにしてきた。17年11月、流量減少問題の解決を待たず静岡工区の本体工事契約を締結。18年10月にはトンネル湧水の全量を大井川に戻すと表明したものの具体策は示さないまま。そして19年8月末、初開催した流域市町や利水団体との意見交換会で同社幹部は全量を戻すと「約束したわけではない」。特に山梨・長野両県とトンネルがつながるまでは湧水流出は防げないとし「これ以上はノーアイデア」と開き直る有り様だ。社長の金子慎は「未着工の状態が続けば開業時期に影響を及ぼしかねない」と開業が遅れれば静岡県の責任と言わんばかりだが、川勝は「会社の事業計画を金科玉条のごとく相手に押しつけるのは無礼千万」と一歩も退く様子はない。一企業であるJR東海が勝手に決めた「27年開業」の目標に、静岡県が県民の生活を脅かしてまで縛られる筋合いなどないことは無論である。

「新幹線整備を求めたことはなく、現在も求めていない」。19年4月末、九州新幹線西九州ルート(長崎新幹線)の与党検討委員会。佐賀県知事・山口祥義《よしのり》は居並ぶ推進派議員を前に、こう言い切った。しかし検討委は8月、同県内の未着工区間（新鳥栖―武雄温泉、51キロ）について、建設中区間（武雄温泉―長崎）と同様に通常の新幹線と同じ「フル規格」での整備を決めた。一方的な決定に山口は「中央から押しつけるようなやり方」と痛烈に批判、国土交通省は20年度予算の概算要求で着工に必要な環境影響評価費の盛り込みを断念した。

博多と長崎を結ぶ西九州ルートはもともと、車輪の幅を変え新幹線も在来線も走行できる「フリーゲージトレイン（FGT）」を開発・導入する計画で、博多に近くフル規格新幹線の恩恵が薄い佐賀県は新鳥栖―武雄温泉間を在来線のまま整備するのであればと容認した経緯がある。ところがJR九州や検討委は採算性や技術上の問題などからFGT導入を断念、博多―長崎間の時間短縮効果が大きいとして全線フル規格方針に傾いた。話が違うと山口が猛反発するのは当然だ。

しかも問題の区間は新幹線着工の条件をそもそも満たしていない。整備新幹線建設に際しJRは並行して走る在来線の経営分離を認められているため「沿線自治体と並行在来線の処理の合意」が着工条件の1つだが、それがあるのは武雄温泉―長崎間だけ。新鳥栖―武雄温泉間はFGTで在来線を使うことが大前提のため、佐賀県との合意自体が存在しない。こうした経過を無視したフル規格への転換は明らかに無理筋だ。

国は完全フル規格での佐賀県の建設費負担分を660億円と見込むが、山口は「仮定に仮定を重ねた数字。その通りになるとは思えない」。事実、建設中の整備新幹線3路線（九州・北陸・北海道）の事業費は当初の予定額を大幅に超過しているうえ、なお約520億円は財源の目途さえ立っていない。西九州ルート問題に関して、あらゆる道理は山口の側にあると断言できる。

無論、川勝と山口には批判も少なくないが、鉄道紀行の第一人者、故宮脇俊三にこんな文章がある。「新幹線に旅情を覚える人はすくないだろう。もしいたとすれば、よほど発情しやすい人である」。その伝でいけば、旅情ならぬ高速化への欲情を抑えられぬ御仁の無理無体に、正論が曲げられてはならない。どこまで筋を通せるか。川勝、山口両氏にエールを送る。（敬称略）

＊　＊　＊　＊　＊　＊　＊

「これは大井川の水で作られた牧之原台地のお茶。大井川は（流域）60万人の命の水です」。20年6月、初めて開かれた川勝知事とＪＲ東海・金子社長との会談。途中で茶を勧めた川勝氏は、金子氏が口をつけるとすかさずこう切り出し、金子氏が絶句する一幕もあった。

リニア中央新幹線の27年の開業延期は不可避で、静岡工区の水問題は国交省の有識者会議で審議が続くが、同会議の初会合で金子氏が「あまりに高い要求を課して、達成できなければ着工も認められないというのは法律の趣旨に反する」と静岡県の対応を猛批判。これに対し10月30日には大井川流域の茶農家など１０６人が県内の着工差し止めを求めて提訴した。

九州新幹線西九州ルートをめぐってもフル規格で整備する長崎―武雄温泉間は22年秋開業予定だが、残る区間は佐賀県の強い反発でメドが立っておらず、武雄温泉駅で在来線特急に乗り継ぐ前代未聞の形になる見込みだ。しかしそれは佐賀県の責任ではない。

身の丈　地方軽視極まる時代に

（『季刊高知』2019年冬号）

土佐弁で言うなら「まっこと、わやにすな」といったところか。永田町政治を取材していると、どうしてこれほど地方に冷淡になれるのかと慄然とする場面が少なからずある。

たとえば厚生労働省が再編・統合を促す公立・公的病院のリストを発表した問題。その数全国で440、高知県でも5つの病院が槍玉に挙がり、2020年9月までに対策をまとめよと厚労省は前のめりだ。再編に意欲的な政府の経済財政諮問会議の民間議員、要するに名うての財界人からは、具体的な成果に応じて補助金を配分すべしとの声まで上がる。札束で地方病院の頬を叩くようなえげつなさだ。

名指しされたのは、がんや小児・周産期医療、救急医療など9分野の診療実績が低い場合や、車で20分以内に競合する病院がある公的医療機関。あからさまな〝東京目線〟にうんざりする。若い世代が地域に少なければ小児・周産期の実績が減るのは自明で過疎地狙い撃ちの基準だ。「車で20分以内」も公共交通機関に恵まれない地域への目配りを欠いた机上の論理。不採算部門も含めて地域医療を下支えし、コミュニティの核でもある公的病院を経済合理性だけで評価することにそもそも無理がある。

進む人口減と高齢化に合わせて医療の形を見直すことは避けられないとしても、個々の事情を無視して大都市と同じ基準を全国一律に当てはめるのは「非効率だから過疎地域に住むな」と言っているに等しい。

いや、まさしくそれこそが国の本音ではないか。萩生田光一・文部科学相の「身の丈」発言を聞けば嫌でもそう思う。20年度からの新大学入試に導入予定だった英語の民間試験は、7種類のうち全ての都道府県で実施されるのはわずか2つ、四国では全く行なわれない試験さえあるなど、教育の機会均等とは無縁の代物。その挙げ句、身の丈に合わせて勝負せよとは、地方の高校生は都会と同等の受験環境など端から望むなということなのか。土壇場で見送られたものの、地方軽視も極まった感がある。

そもそも、現在のような「身の丈」を地方に強いたのは一体誰だったのか。国は14年、「20年までに東京圏に転入した人口と、地方に転出した人口を均衡させる」との方針を打ち出したが、掛け声倒れに終わった。都市と地方の最低賃金格差すら放置したままで、国が本気だったとは思えない。それどころか、かつて「平成の大合併」に応じた旧町村では、合併に加わらなかった町村よりも人口減と高齢化が加速している調査結果も明らかになった。鳴り物入りの国策が地域の衰退を後押しした形だ。

懲りない国は人口の少ない自治体を念頭に、個々の市町村が全ての行政サービスを提供するのではなく、隣接する複数自治体の業務を中心都市がリードする「圏域」構想を検討している。お門違いも甚だしい。地方行政を集約化・効率化させても逆に地域の体力を削ぐこと、中心部に人やモノを集中させても、より大きな中心への流出を加速させることがまだわからないのか。そうして真綿で首を絞めるように地方から人も活力も奪うことが、あるいは国の真の狙いなのかと疑わねばならぬことが悲しい。

もちろん国を批判していれば済む問題ではない。地方の側にも、強いられた身の丈に甘んじる諦念の気色はないか。12年ぶりの選挙戦にもかかわらず有権者の半数以上が投票所に足を運ばなかった今秋の高知県知事選（投票率47・67％）の結果を、複雑な思いで見つめた。「お任せ民主主義」では国に足元を見られるばかりである。

＊　＊　＊　＊　＊　＊　＊

安倍政権の北村誠吾・地方創生相は20年9月の退任時、47都道府県を全て視察に訪れ「相当、ほら吹いてきましたから」と悪びれず語った。東京一極集中の是正を掲げながら何ら成果を上げなかった政権のやる気の無さが、最後の最後に露わになった瞬間だった。

菅首相は同年10月26日の所信表明演説で「活力ある地方を創るという一貫した思い」を持っていると強調したが、むしろ地方を痛めつける政策を押し付けてくる恐れを感じる。「私は雪深い秋田の農家に生まれ、地縁、血縁のない横浜で、まさにゼロからのスタートで政治の世界に飛び込みました」。こう胸を張る菅氏の一丁目一番地は「自助・共助・公助」。自らの成功体験を土台に「まず自分でやってみる」ことを何より重視する政権は、地方に対しても国に甘えず自己責任で立てと突き放しかねない。所信表明の3日後には早速、コロナ禍により2月から中断していた病院再編・統合の検討を再開させた。未だ収束の兆しが見えないコロナ感染の対応に日々追われている全国の自治体や医療機関に冷や水を浴びせる対応だ。

だが地方に自己責任を求める前に、東京一極集中の是正を図る方が先だろう。コロナウイルスという未曾有の脅威は、この国が戦後長らく最も効率的で快適と信じてきた一極集中が、いとも簡単にひびの入るガラス細工でしかない現実を露呈させた。首都圏4都県だけで全国の感染者のほぼ半数を占める事実は、数千万の人間を高密度で勤労・居住させる行きすぎた都市集積が、飛沫で拡がるウイルスの増殖にいかに好都合だったかを端的に示す。

東京都の人口は緊急事態宣言の明けた20年6月から減少傾向に転じたものの微々たるものだ。全人口の実に3割が首都圏に偏る世界的にも稀有な中央集権を解体して、地方への人口分散を国を挙げて進めることが最大の感染症対策であり、政治が直ちに取り掛かるべき仕事である。まずは、かつて国会決議まで行ないながら沙汰止みとなった首都機能移転の封印を解くことから始めてはどうか。口先で「地方分権」のお題目を唱えるときはもはや過ぎた。

遠すぎる廃炉　福島汚染水を東京湾へ（2020年4月号）

原発再稼働の動きが各地で顕在化する中、まるで存在してはならぬ事実を全消去するかのようだった。

2019年11月末、福島県大熊町で「オフサイトセンター」（OFC、旧原子力災害対策センター）の解体作業が始まった。東京電力福島第1原発から西へ約5キロ。原子力災害時の対応拠点として整備され、住民の被ばく防護策や避難指示区域の設定などを検討する前線基地となるはずだった施設だ。11年3月11日の原発事故直後に現地対策本部が置かれたものの、非常用電源が機能せず通信手段も失われたうえ、放射性物質の侵入を防ぐフィルターも設置されておらず室内の放射線量が上昇。4日後には全く役割を果たさないまま放棄された。

安倍政権は周辺を22年春に「特定機能再生拠点」として避難指示を解除する方針で、OFC跡地は住宅地として整備される。事故の2年前にフィルター未設置を指摘されていたにもかかわらず、何の措置も取られず漫然と「3・11」を迎えた「原発安全神話」時代を象徴する遺構は、体よき「復興」の大義名分のもとに年度内に姿を消す。

未曾有の原発事故から9年の20年3月、福島県双葉町など「帰還困難区域」の一部で避難指示が初めて解除された。来春には国が財源保証する「復興・創生期間（第1期）」が終了、安倍政権は政府追悼式も来年限りとし幕引きの姿勢が顕著だ。一方で廃炉への道程は、泥濘を歩むが如く遅々として進んでいない。

たとえば炉心溶融した1～3号機の原子炉建屋内に残る使用済み核燃料の取り出し作業。31年までの完了を目指すが、使用済み核燃料は強い放射線を出し、冷却し続けなければ溶融する恐れがある。3号機は当初予定から4年遅れで昨春、ようやく搬出が始まったものの、機器の不具合が続出し作業は停滞。23年度開始予定だった1、2号機も19年末、最大5年の先送りが決まった。これで4度目の延期。全4741体を構内の共用プールに移して以後の最終処分先も未定だ。

最大の障壁は、事故で溶け落ちた核燃料（燃料デブリ）の取り出しだ。国と東電は19年末、21年に2号機から取り出し作業を始めるとする廃炉工程表の改訂案を公表したが、水素爆発を免れ最も条件が整っている2号機でさえ、格納容器の穴からロボットアームを挿入し数グラムのデブリを取り出すことから始めざるを得ず試行錯誤は必至。未だデブリの確認にすら至っていない1号機、デブリがあるとみられる格納容器下部に6メートル以上の水がたまっている3号機は、何の目途も立っていない。

そもそも廃炉とは何をもって完了とするのか、実は定かではない。核燃料全量を取り出し、建屋を全て解体・撤去して更地に戻すことか。地下部分など一部が残ったり、チェルノブイリのように核燃料を建屋ごとコンクリートで覆うことも含むのか。解体後の原子炉を最終的にどうするのかもはっきりしない。廃炉の目安として国が掲げる「30〜40年後」は一般的に、無事に運転を終えた原発の廃炉に必要とされる時間である事実さえ誰も直視しないまま、あやふやな定義の完了期限だけが独り歩きしている。

そして最も喫緊の課題と言えるのは、たまり続ける処理済み汚染水の問題だ。19年末時点で118万トン、今も1日140トンのペースで増えている汚染水は原発敷地内のタンクにためられているが、すでに1000基近くが林立。東電は22年夏ごろには満杯になるとする。除去できずに残った放射性物質トリチウムは19年10月末時点で約856兆ベクレル。事故前の基準に照らせば年間総放出量上限の40年分だ。

経済産業省の小委員会は、処分方法を薄めて海に流す「海洋放出」と、蒸発させて大気に放つ「水蒸気放出」の2案に絞り込んだが、本命は海洋放出。推進派は、海への処分は時間もコストも少なくてすむうえ、トリチウムはセシウムなどに比べ放射線エネルギーも弱く、国内外の原子力施設でも実施しているから問題ないと強調する。

それほど安全だというなら海に流すのもいいだろう。ただし福島の海は論外だ。風評被害も含め原発事故に人生を翻弄されてきた福島の人々にこれ以上、心労をかけるのは忍びない。第一、福島第1原発が生み出した電力を彼らは一切使っていない。

処分するなら東京湾だ。長年恩恵を享受してきた最大の電力消費地が引き受けるのが道理だろう。ほかの原発でもやっているなら、首都の目の前の海に流しても何の問題もないはずだから、どんどん運んで放出すればいい。いっそ東京へのパイプライン建設はどうか。「3・11」は過去の話と思い込んでいる東京の人々に、まだ何も終わっていないことを気付かせる良い機会にもなる。

こう書くと、それはちょっと困る、という声が聞こえてきそうだ。間尺に合わぬ話である。海洋放出しても「被ばくは自然界で受ける放射線量の1000分の1以下」(経産省小委の報告書)のはずではないのか。それとも、もしかしたら有害かも、と心のどこかで疑っていて、自分の庭先は困るが目の届かないところで処分してほしい、とでも言いたいのか。そんな得手勝手が大都市から遠い僻地に50基以上も原発を乱立させ「3・11」の遠因になったのだと、あなたはいつになったら気付くのか。

＊　＊　＊　＊　＊　＊　＊

菅政権は汚染水の福島の海への放出方針を崩さないが、風評被害対策ははっきりしない。

一方で東京電力は20年12月、21年中としていた2号機からの燃料デブリ取り出しを1年程度延期すると発表した。廃炉の責任者は「スケジュールありきではなく安全最優先」と強調するが、新たに2、3号機の原子炉格納容器上部の蓋から燃料デブリ並みの高濃度汚染も確認された。それでも廃炉完了時期を再検討せず未来への幻想を振りまき続けるのは罪である。

第3部

「戦争と戦後史を見つめる」

御巣鷹よ眠るな　日航機墜落事故・30年目の謎（2015年8月号）

離陸から12分後、伊豆半島東方沖上空。「ドーン」という不気味な衝撃音と、1秒だけ鳴った警報音が全ての始まりだった。

日航ジャンボ機墜落事故。1985年8月12日午後6時56分、お盆で満員の、524人の乗員・乗客を乗せた羽田発大阪行きの日航123便が32分間の迷走飛行の末に群馬県上野村の「御巣鷹の尾根」に墜落、単独機の事故としては史上最悪となる520人が犠牲になった。「これは駄目かもわからんね」。高濱雅己機長の絶望的な呟きが漏れてから間もなく30年が過ぎようとしている。

運輸省の航空事故調査委員会（現国土交通省・運輸安全委員会）は87年6月、最終事故調査報告書を公表。事故原因について、同機が78年に大阪空港で起こした尻もち事故の際の修理ミスが原因で機体後部の圧力隔壁が破損、客室内から噴出した高圧空気が垂直尾翼を破壊するとともに油圧系統も損傷し操縦不能に陥ったと結論づけた。2011年7月には安全委が難解な報告書内容をわかりやすく説明する「解説書」も作成したが、「隔壁破壊説」には遺族や航空関係者から今も異論が消えない。

最大の謎は、最終報告書の通り高度2万4000フィート（約7300メートル）で隔壁破壊が起きたとすれば不可避であるはずの「急減圧」（機内の気圧が外気と同程度まで急低下する状態）が生じた形跡がないことだ。これだけの高度で急減圧が生じた場合、機内では高圧空気が外に噴き出す際の猛烈な突風とそれに伴う非常な騒音、急激な気温の低下、酸素不足などの発生が想定されるが、ボイスレコーダーの記録や生存者の証言からはこうした事象は一切確認されず、機長らは酸素マスクすら装着していない。

これについて解説書は、プールの水を抜く際に排水口から離れれば水の流れが弱いのと同様に、隔壁が破壊されても機内の座席部分では必ずしも強風は吹かないとしたほか、09年に米国で起きたボーイング737の後部胴体に穴のあいた急減圧事故を採り上げ「耳の苦痛がほとんどないのに驚いた」「座席の書類もそのままだった」との乗員証言を紹介し事故調の結論を正当化している。

しかし米国機事故であいた穴の大きさは123便の隔壁の15分の1程度にすぎず、垂直尾翼を内部から空気の圧力で破壊するほどの急激な減圧が、なぜ客室内の気圧にも気温にも風にもほとんど影響を与えないのかという不可解さの払拭には程遠い。事故調の武田峻委員長（当時）は「急減圧は主に天井裏で起きた」と発言しているが、筆者がかつて取材した航空関係者は「減圧が飛行機のごく一部分だけで起こったなんて現場の人間は誰も信じない」と一笑に付した。

安全委が急減圧の影響を軽んじる傾向は事故調当時から一貫している。その根拠が1986年

7月に航空自衛隊の航空医学実験隊で2度行なわれたとされる急減圧実験だ。機体の異常発生後、10分近く2万4000フィート付近を飛行した123便を想定した各12分間の実験映像には、担当者の「（低酸素の影響をはかるための）計算力落ちないね、全然ね」「12分くらい大丈夫なものですね」との発言が記録され、事故調はこれを基に「同機に生じたとみられる程度の減圧は人間に対して直ちに嫌悪感や苦痛を与えるものではない」とした。

ところが被験者の一人は後に日本航空機関士会に対し「今まで経験したことのないほど肺から空気が吸い出され、酸素不足のためにすぐに周りが暗くなり酸素マスクをつけて酸素を吸った」と正反対の証言を行ない、同会の機関誌にも記載されている。どちらが真相なのか、あるいは全く別の実験が存在したのか。解説書は「疑問点の払拭」を謳いながら、この重大な矛盾について何も触れていない。

「520人も亡くなったというが520人も乗っていたからで、1人しか乗っていなかったら1人しか死ななかった」。日航と米ボーイング社を2度にわたり不起訴とした前橋地検の当時の検事正が時効寸前の90年7月、こう発言し遺族を愕然とさせた。検事正は「事故調の報告書を見ても真の原因はわからない。それ以上のことが法学部出身の我々にわかるはずがない」とも語った。

単に心ない検事の「不規則発言」と片付けるには、事故機の残骸が散逸したとみられる相模湾の海上探索を形だけで終わらせたことや、情報公開法施行直前に国交省が事故関連資料を大量廃棄した事実が冷徹な国家意思の存在を仄めかす。

なぜ警報は1秒しか鳴らなかったのか、なぜいち早く墜落現場に到着した米軍機は救助開始寸前に引き返したのか、なぜ現場特定が翌朝と大幅に遅れたのか。123便事故には多くの謎が残るが再調査は行なわれず、2010年の経営破綻を経た日航には事故を知る社員は全体の1割しか残っていない。旅客型のジャンボ機も14年、日本の空から姿を消した。

事故から30年、しかし私たちはあの日、524人が経験した出来事をどこまで正確に知り得ているのだろう。御巣鷹の尾根よ、まだ眠るな。恣意的な幕引きと峻烈な夏の記憶の忘却に激しい警報音を響かせよ。

＊　＊　＊　＊　＊　＊　＊

「あたま上げろ、あたま上げろ！」――。墜落間際まで、操縦不能の機体の立て直しに死力を尽くした高濱機長らの肉声は、今も涙なくしては聴けない。

お断りしておくと筆者は近年指摘される、米軍や自衛隊のミサイルや標的機などが123便の垂直尾翼に衝突したという、いわゆる「撃墜説」をいぶかしく思う。禍々しい言説が独り歩きし、遺族の感情を改めて傷つけぬか心配だ。一方で、事故調の結論にも全く納得していない。圧力隔壁破壊説に疑問を持ち長年、事故原因を調査し続けた元日航パイロットの故藤田日出男さんは著書『隠された証言』（新潮社）の中で、こう訴えている。「真剣に再調査を期待する。それができなければ日本の航空界の恥だと思う」。付け加えることは何もない。

我らが見捨てし同胞《いのち》　忘れられた「北朝鮮残留日本人」（2015年11月号）

最初の報告は「夏の終わりから秋の初め」のはずだった。もちろん昨年（2014年）の、である。

北朝鮮による日本人拉致被害者らの再調査が動かない。14年7月に特別調査委員会が設置され「おおむね1年」の予定で始まった再調査は15年7月、北朝鮮が一方的に結果報告の延期を通告。9月上旬までの非公式協議で、調査は全て終了し拉致被害者の新たな安否情報はなかったとの最終報告を伝達した北朝鮮に対し、日本側が受け取りを拒否した情報もあるが、真相は藪の中だ。

一方で筆者には、ずっと心に引っかかっている発言がある。北朝鮮が初回報告の先送りを通告した後の14年10月、日本政府代表団が平壌で特別調査委幹部と面会した。拉致問題の反応はなしのつぶてだったが、政府代表団は「拉致以外は進展しても意味がない」と突き放し、拉致被害者家族の一人も「日本政府は拉致問題を最優先するなら、遺骨など他の問題（の調査状況）を聞くこと自体がおかしい」。そうだろうか。昨夏、日朝合意に基づき北朝鮮が約束したのは「全ての日本人に関する包括的かつ全面的な調査」であり、その中には1945年前後に現在の北朝鮮地域内で死亡した日本人の遺骨や「残留日本人」の消息、59年に始まった帰国事業で在日朝鮮人の夫らとともに北朝鮮に渡った日本人配偶者やその子どもに関する調査なども含まれている。

確かに北朝鮮側の手練手管には警戒を要するが、祖国にまで「意味がない」とされては敗戦の混乱の中で北朝鮮に置き去りにされた日本人や、日朝両政府了解のもとに進められた帰国事業で塗炭の苦しみを味わった日本人配偶者たちは誰に救いを求めればよいのだろうか。

外務省によると敗戦時、北朝鮮地域には約27万人の居住者と旧満州から避難してきた日本人約7万人がいたとされる。戦争末期から敗戦直後にかけて38度線以北で死亡した日本人は約３万4000人と推計されるが、どれだけの人々がかの地に取り残され「残留日本人」となったのか、正確な数字は今もわかっていない。

北朝鮮の建国や朝鮮戦争を挟み、日本から初の公的なアプローチは54年、日本赤十字社が北朝鮮の朝鮮赤十字会に電報を打ち、北朝鮮残留邦人の帰国が許されるならばその引き揚げ船で在日朝鮮人の帰国希望者を援助したい、との日本政府の意向を伝えたことだった。北朝鮮への帰国事業はそれから四半世紀にわたって続いたが、北朝鮮残留邦人は56年にたった一度だけ、わずかに36人が帰国したにすぎない。冷戦下、国交がないことを口実に日本政府がその後、残留邦人保護に積極的に乗り出した形跡も皆無で、棄民に等しい扱いは戦後処理の最暗部のひとつだ。

97年になって旧厚生省が少なくとも１４４２人の北朝鮮残留邦人の存在を確認したが、うち１３７５人はその時点までに親族が戦時死亡宣告を受けており、現在も消息調査の対象と日本政府が認識するのは30人余り。しかし１３００人余の大半も実際には生死の確認が取れておらず、どれほどの日本人があの特異な国で、どのような戦後をどれだけの歳月過ごし、今も何人が生存しているのか、私たちは何も知らない。

残留邦人問題には敗戦前後からの東アジア裏面史も複雑に絡む。２００５年にはロシア政府が、１９４６年にスターリンの命令でシベリアから北朝鮮に移送された抑留日本人２万７０００人余の名簿を公表。一方で、こんな事例もある。ソ連崩壊直前の90年11月、行方不明となっていたサハリン残留の日本人女性と、その家族の消息を探す親族のもとに、ＫＧＢ（ソ連国家保安委員会）から一通の書簡が届いた。そこには「あなたの親族の運命についてはソ連内務省の決定で北朝鮮との合意により、市民権のない人物として77年11月19日、北朝鮮に引き渡された」（91年1月5日付読売新聞）。引き渡しの理由や、その時点での生死などは触れられていなかったという。今回の北朝鮮当局の調査にこのような人々が含まれているのか否か、やはり私たちは何も知らない。

２０１５年1月、北朝鮮から訃報が届いた。敗戦直後、16歳で残留邦人となり北東部の清津《チョンジン》で暮らしていた丸山節子さん（享年86）。生涯、帰国を願い続け昨秋、訪朝した弟にも「一緒に日本に連れて行って」と涙ながらに訴えたという。特別調査委が14年8月、丸山さんに聞き取り調査を行ない帰国の意思を確認していた事実も明らかになっており、日本政府が全力を尽くしていれば、亡くなる前に日本の土を踏めた可能性はある。

しかし祖国は、拉致問題最優先という大方針の前に丸山さんの願いに背を向けたのだ。迫り来るソ連軍を目前に関東軍が開拓民や居留民を置き去りに満州防衛を放棄した、あの日のように。北朝鮮が「地上の楽園」などではあり得ない現実を百も承知のうえで日本人配偶者らを帰国船に乗せた、あの日のように。そして丸山さんと同じく70年にわたり救いの手を待ち続けている同胞が、ほかにいない保証はない。

拉致問題の解決が焦眉の急であることは論を俟たないが、北朝鮮残留邦人や日本人配偶者の消息も、そして遺骨調査も、放置してよい問題など何ひとつない。拉致問題を理由に他の一切が進展しないなら、まぎれもなく外交の敗北である。

＊　＊　＊　＊　＊　＊

日本と北朝鮮との現代史には幾つもの闇がある。北朝鮮が「8人死亡」と発表した拉致問題のインパクトが大きすぎたためか、それに先立つ「帰国事業」でかの国に渡った日本人妻や戦争による残留日本人問題などは今もなお脇に追いやられたままだ。現在、北朝鮮政府が確認している残留日本人は咸興《ハムン》市で暮らす荒井琉璃子さんのみとなった。

荒井さんは一時帰国し両親の墓参を望んでいるという。その思いに祖国はいつまで目を背けるのか。国家に人生を翻弄され、残された時間が刻々と減り続けているのは拉致被害者・家族だけでなく残留日本人も日本人妻も全く同じはずなのだが。

黙契 「名張毒ブドウ酒事件」迷走の源流 (2016年1月号)

その知らせが届いたとき、山間の小集落を渡る秋風はせめて束の間、吹き止んだか。事件現場となった公民館の跡地に、一瞬でもしじまは生まれたか。

ワインという呼称さえ、まだ一般的ではない時代だった。1961年3月28日、奈良県境に近い三重県名張市葛尾地区の生活改善クラブの懇親会に出された農薬入りブドウ酒を飲んだ女性5人が死亡した「名張毒ブドウ酒事件」。72年の死刑確定後も無実を訴え続けた奥西勝死刑囚が、2015年10月4日、収監先の八王子医療刑務所で死亡した(享年89)。一審(64年、津地裁)の無罪から控訴審(69年、名古屋高裁)での逆転死刑判決は、現行の刑事訴訟法が施行された49年以降で唯一。死刑確定後の拘置期間43年3カ月は戦後2番目の長さだ。

司法判断は二転三転、近年は最高裁も満足な理由も示さず再審請求棄却や差し戻しを繰り返し、まるで真相解明を放棄して獄死を待っているかのような印象すらあった。しかし一審判決に加えて一度は高裁が再審開始を決定、司法が2度までも有罪立証ができていないと認めたうえ、半世紀近くも刑の執行が行なわれなかった事実は、冤罪の疑いが拭えぬことの何よりの証左だろう。

裁判で無実を証明し「歩いて塀の外に出る」と、決して恩赦を求めようとしなかったその不屈の人を奥西死刑囚、ではなく奥西さん、と呼びたいと思う。奥西さんの妹が裁判を引き継ぎ15年11月6日、第10次再審請求（死後再審）を申し立てた。

9次にわたる再審請求審で、死刑判決を見直す契機は少なくとも2度あった。逆転死刑判決では奥西さんがブドウ酒瓶の王冠を歯で噛んで開け農薬を混入したと認定したが、77年からの第5次再審請求で、犯行現場で見つかったとされた王冠の歯形鑑定が、顕微鏡の倍率を操作した不正鑑定の疑いが浮上。唯一の物証の信用性が揺らいだが、20年に及ぶ審理の末に請求は棄却された。

唯一無二の機会は、犯行に使われた農薬は奥西さんが自供した「ニッカリンT」であったのかが争われた第7次再審請求。弁護団はブドウ酒の飲み残しからニッカリンTに必ず含まれる不純物が検出されていない事実に着目、すでに製造中止されていた同農薬を探し出し独自の最新鑑定で「事件の農薬はニッカリンTではなかった疑いが強い」との新鑑定書を導き出した。

この新証拠を重視して05年4月、名古屋高裁は再審開始を決定したが翌年、同高裁の別の裁判官が検察の異議を認め再審開始を取り消すという前代未聞の展開に。「（新鑑定により毒物は）ニッカリンTでないという可能性があることが示されたが、ニッカリンTであった可能性が否定されたわけではない」との禅問答の如き異議審決定にも言葉を失うが、10年4月の特別抗告審で「（異議審決定が）科学的知見に基づく判断をしたとは言えず、取り消さなければ著しく正義に反する」

とまで明言しながら自らは判断を下さず、件の決定を行なった高裁に差し戻した最高裁の事なかれ体質は、奥西さんの残された時間を考えれば誠に罪深かった。

そして検察すら主張していなかった独自の推論を重ねた挙げ句、弁護側に本来必要のない無罪証明責任まで求めた12年5月の差し戻し審判決（再審開始取り消し）に至っては、もはやどんな理由があろうとも冤罪を認めない司法の狂気が宿っていたと言うほかない。


「かかる時刻の訂正は検察官の並々ならぬ努力の所産」。名張事件の迷走を追って時間を遡れば、必ず一審判決のこの文言に行き当たる。事件の構図を決定づける、ブドウ酒が葛尾集落に何時に運ばれてきたのかに関する住民証言が、示し合わせたかのように変更されたのだ。

ブドウ酒は事件当日、集落外の酒店から農協職員のA氏が車で生活改善クラブの会長宅に運び、玄関に置かれていた酒を奥西さんが公民館に運んだのが午後5時20分ごろ。事件直後には酒店の女性は「売ったのは午後2時半から3時ごろ」と供述、会長宅に届けたのは2時15分とするA氏自筆のメモも残る。いずれにしろ会長宅へのブドウ酒到着が3時前後ならば奥西さんが運ぶまでに2時間以上の空白が生じるが、奥西さんの逮捕直後、関連するあらゆる証言が「会長宅に届けたのは4時半から5時の間違い」（A氏）などと、他の可能性を打ち消す方向へ一斉に変転した。

なぜ証言は一変したのか。当事者たちは今に至るまで「思い違い」の一点張りだが、最初に証言を翻した女性は事件から25年後、テレビ局の取材に訂正後の内容が正しいとしつつ、こう付け加えている。「私も随分苦労しました」(東海テレビ取材班編『名張毒ぶどう酒事件死刑囚の半世紀』岩波書店)――。含むところの多い言葉に聞こえる。

奥西さん獄死の報を受けて葛尾の人々は「もう思い出したくない」と冷ややかだったが、彼らが本当に忘れたいのは、集落の平穏と引き換えに「並々ならぬ努力」で自らに課してきた、ある黙契ではなかったか。奥西さんを生涯、死刑囚という極限に縛り付け続けたものの真相が、死後再審の法廷で明らかにされる日を待ちたい。

＊　＊　＊　＊　＊　＊　＊

妹の岡美代子さん(90歳)が引き継いだ第10次再審請求は重大局面に差し掛かっている。

10次再審の大きな争点は、ブドウ酒の王冠と瓶をつなぐように貼られた「封緘紙」。弁護団は封緘紙に製造時と異なるのりの成分が付着していたとの新鑑定を基に「真犯人が別の場所で毒物を入れ貼り直した証拠」と訴えたが、名古屋高裁は17年12月に請求棄却。

続く異議審で弁護側は、これまでは封緘紙の損傷を避けるため本来より低い圧力でしか鑑定してこなかったが、明確に成分を検出するため通常鑑定に近い高圧力をかけるよう主張。同高裁もこれを認め、新証拠となり得るか遠からず結論が出るはずだ。

犯行に使われたとされる農薬、それをブドウ酒瓶に移し替えたという竹筒、奥西さんが歯で噛んで開けたとされる王冠、そして封緘紙……。様々な物証が浮かんでは振出しに戻ってきた名張事件の再審請求。検察側が非開示としている証拠は2000ページを上回るという。

昭和ヒトケタ、ノーリターン　「焼跡闇市派」の遺したもの

（2016年4月号）

没後3カ月。さて後継者はと考えてみても誰も思い浮かばない。2015年末に亡くなった野坂昭如《あきゆき》さん（享年85）はそんな人だった。直木賞作家、コラムニスト、作詞家、歌手、テレビタレント、「四畳半襖の下張」裁判の被告、参院議員……どれもひとつの顔だが、この人の全てを言い表そうとすれば「職業＝野坂昭如」以外に考えられない比類なき個性だった。

近年、昭和一桁世代の訃報が相次ぐ。敬称略で小沢昭一、菅原文太、愛川欽也、憲法学者の奥平康弘など次々に指が折れる。数年前まで遡れば井上ひさしや青島幸男などの名前も挙がるほか、1922年生まれの水木しげるや鶴見俊輔、35年の筑紫哲也など前後の世代も含めれば、ここ数年で実に多彩な顔ぶれが鬼籍に入ったことを実感する。

そこに野坂さんも加わった。いずれも自身の戦争体験を基に、それぞれのスタイルで反戦を訴え、戦後民主主義を死守してきた土性骨の座った先達たちだ。昭和ヒトケタ、ノーリターン。戦争の愚かさを身をもって知る彼らが去った後、この国はどんな風景を見るのだろう。

１９４５年３月10日、東京大空襲。一夜で約10万人が犠牲になったこの惨禍が号砲だったかのように、以後、日本全国で米軍の無差別爆撃が広がる。野坂さんも６月の神戸大空襲で養父を亡くし、義妹を栄養失調で失う悲惨は『火垂るの墓』であまりにも有名だ。戦中派でも戦後派でもない「焼跡闇市派」を自認した野坂さんの、反戦と国家を容易には信用しない反権力の姿勢は生涯を貫く揺るぎなき座標軸となった。

３月末の施行が迫る安保関連法について昨夏、全国の地方紙に野坂さんの遺言とも言うべき、こんなメッセージが掲載された。「言っておく。国は国民の生命、財産について保障などしない。国が守るのは国家、国体である。かつて愚鈍なリーダーのもと、大日本帝国は崩壊していった。戦後70年、今再び日本は破滅に向かって突き進んでいる。安保法制は戦争に近づく。血を流すことになる。世間はそれを承知なのか」。

敗戦直後の激烈な飢えの経験から日本の農、とりわけコメへの執着も人後に落ちないものだった。「なま半可のドルなど溜めこんで、いったん食糧危機に襲われたらどうなると思う。昭和二十一年、米の値段は公定価格の二百倍になった。今で言えば一升十万円である。しかし買わざるを得なかった。主食というものは余っている時、腹八分で満足できる、だが足りないとなったら、残る二分に生命がかかるのだ」という文章は40年近く前の野坂さんのコラムだが、ＴＰＰ（環太平洋経済連携協定）への警鐘として寸分の狂いもなく響く。

「日本人は戦争について何も知らなかった。戦争において敗れることもあることを考えずに始めたのだ」。脳梗塞に見舞われる前年の2002年、NHK『野坂昭如・終戦日記を読む』で日本の敗戦に至る経過を丹念にたどった野坂さんは、こう総括した。翻って空襲も飢えからも遠く隔たった現代の日本人は、集団的自衛権が導こうとしている新たな戦争について何を知っているのか。15年12月9日、亡くなる数時間前に出版社に送られてきたという、野坂さんの絶筆となった雑誌連載原稿は「この国に、戦前がひたひたと迫っていることは確かだろう」と結ばれている。「承知なのか」、焼跡闇市派からの最後の問いかけに私たちは目を背けてはならない。

そして死後の記事ではエピソードとして触れられる程度だったが、「歌手・野坂昭如」の強烈な存在感も忘れ難い。決して美声でも上手くもない、吃音まじりの低音が歌い上げる如何わしさと虚無感満載の偽悪世界は、ほかの誰でもさまにならないワンアンドオンリーの野坂節。代表曲「黒の舟唄」や無常観横溢の「マリリン・モンロー・ノーリターン」「バージンブルース」も秀逸だが、野坂さんの真骨頂は、たとえばこんな小品だ。1974年のアルバム『分裂唄草紙』の一曲「十人の女学生」。「十人の女学生／すかんぽ土手で／行商人に抱きつかれ／一人の娘は逃げ遅れ／そこで九人になりました」。その後も女衒に女郎屋へ売り飛ばされるやら、天然痘で目がつぶれ瞽女《ごぜ》になるやら、それぞれろくでもない目に遭った挙げ句「十人の女学生／とうとう一人／理由もなしに樫の木に／一人の娘は首つって／そこで誰ぁれもいなくなった」。あんまりだ、あんまりだ。断言するが、こんなえげつない傑作をさらりと歌ってのけられる強者は野坂さん以外にいない。秋元某にこんな詞が書けるか、ＡＫＢ48に歌えるか。尤も唇寒しの「〇〇ハラ」大流行りのご時世では世に出すこと自体、許されまいが。

「ずるい奴だとお笑いでしょうが、人間逃げ足の速い奴ほど長持ちするのじゃあござんせんか？」の語りで始まる「大逃走」（72年）も印象深い。「ベトナム捨てて／安保も捨てて／逃げ出せ／逃げ出せ／命が大事だよ」。野坂さん、突然の旅立ちは戦争の記憶を都合良く忘れ去り、急速にきな臭くなっていくこんな国に愛想を尽かした大逃走劇だったのでしょう？　昭和が、戦後が遠ざかる。焼跡闇市派に献杯。

＊　＊　＊　＊　＊　＊　＊

野坂さんの後を追うように「中年御三家」の永六輔さん、永さんの盟友の大橋巨泉さんが亡くなり、最近でも映画監督の大林宣彦さん、作詞家のなかにし礼さん、そして昭和史に精通した作家の井出孫六さんや半藤一利さんも鬼籍に入った。いずれもそれぞれの分野で一時代を築きつつ、戦争の愚かさや全体主義の恐ろしさを晩年まで発信し続けた戦中派だった。

野坂さんについて本文に付け加えるとするなら83年末、ロッキード事件で有罪判決を受けた田中角栄の金権政治を批判し、半年前に当選したばかりの参院議員を辞して、あえて衆院選の旧新潟3区から出馬したことか。暴漢に襲われるおまけまで付いたが、虎の子の議員バッジをあっさりと投げ捨てて勝算なき戦いに打って出た野坂さんの土性骨に胸がすく。そう言えば永さん、巨泉さんも野党から選挙に出た。こんな反骨の言論人の姿も今や遠い。

被爆はなかった　切り捨てられた原水爆被害者の歳月（2016年9月号）

2016年5月27日、歴史的なオバマ米大統領の広島訪問。原爆死没者慰霊碑に献花し71年前の原爆投下で命を落とした全ての犠牲者に黙禱を捧げた、とされる。しかし加害国の大統領の脳裏を、ほんの束の間でも「彼ら」の姿がよぎっただろうか。残念ながら、そうではなかっただろう。被爆国の政府ですらその存在を認めてこなかったのだから。

被爆者ではなく「被爆体験者」という不思議な言葉がある。長崎原爆の被害に遭いながら、国の指定地域外だったため被爆者と認められない人たちだ。長崎県によると16年4月末時点で7931人。国が定める被爆地域は、旧長崎市など当時の行政区域に沿って爆心地から南北約12キロ、東西約7キロの細長い範囲に限られ、その外側にいた体験者は被爆者と厳格に区別される。被爆者には被爆者健康手帳が交付され医療費の自己負担が原則無料となり、特定の病気になれば健康管理手当も支給されるが、被爆体験者は対象外。被爆体験による精神疾患とその合併症に限って医療費補助を受けられるようになったのも02年になってからだ。

388人の被爆体験者が国や県、長崎市に被爆者健康手帳の交付などを求めた訴訟の控訴審判決が出たのは、大統領広島訪問の4日前。福岡高裁は、原告らがいた地域で健康被害が生じた可能性について「確たる証拠は見出せない」と切り捨てた。原告側は1945年9~10月に長崎市とその周辺284地点で残留放射線を測定した米軍調査団の報告書を基に、個々の原告の原爆投下後1年間の被爆線量を推計した医師の意見書を提出したが、判決は「合理的根拠を欠き採用できない」。旧行政区域で画一的に定めた被爆地域も「行政上または政治的な配慮」と是認した。

さらに判決は原告側に「健康被害を生じる可能性があったことの立証」を求めた。広島原爆投下直後に降った「黒い雨」に手帳交付地域外でさらされた人など、これまで多くの被爆者認定で被害者の訴えを門前払いし問題解決を遠ざけてきた国の論理が、ここでも頭をもたげる。内部被爆も含め、原爆の放射性降下物による人体への影響は未解明の部分も多く残るが、71年もたってその「立証」まで原告側に要求する非情は、キノコ雲の下を生き延びた被害者に不可能を強いるものだ。オバマ演説を借りれば「死が空から降り、世界が変わってしまった」あの日、彼らも間違いなく「閃光と炎の壁」の中にいたというのに。388人は最高裁に上告、裁判はなお続く。

大統領広島訪問半月前の5月9日、歴史の闇に埋もれてきたもうひとつの被爆者たちも声を上げた。1954年に米国が太平洋マーシャル諸島のビキニ環礁で繰り返した核実験で、周辺海域で被災した元船員ら45人が国家賠償を求めて高知地裁に提訴。事件から62年を経て、ビキニ核実験の被害が初めて法廷で裁かれる。

54年3月から5月にかけて米国はビキニ環礁などで6回の水爆実験を行ない、同年末までに周辺海域を延べ約1000隻の船が航行したとされるが、静岡の「第五福竜丸」以外の被害は長年顧みられなかった。日米両政府が翌55年1月、「見舞金」として米国が200万ドルを日本側に支払うことで「政治決着」を図ったためだ。

政治決着前の日本政府による調査で延べ556隻の被爆状況が把握され、うち12隻には一定線量以上の被爆があったが、国は一切の調査を打ち切り2014年までこの記録を隠蔽。元船員らが米国の責任を追及する道は永久に閉ざされたばかりか、彼らの多くが被爆の実相も知らされないまま、すでに世を去っている。そしてビキニ被爆の全体像は今も明らかになっていない。

提訴を受け厚生労働省の研究班は16年5月31日、当時周辺で操業していた第五福竜丸以外の漁船について「健康影響が現れる程度の被爆があったことを示す結果は確認できなかった」とする報告書をまとめたが、広島原爆の爆心地から1・6キロで被爆したのと同程度の線量を原告の元船員の歯から確認したとする広島大名誉教授らの研究結果は、なぜか全く採り上げられていない。お手盛りの報告書は唯一の被爆国が水爆実験で被災した自国民を救済せず闇に葬った、「日本現代史上まれに見る核被害隠し」（7月1日の第1回口頭弁論での原告側意見陳述）が今なお続いていることの証左である。

故小松左京が1968年に発表した短編小説に『戦争はなかった』がある。ある日突然、全ての日本人の脳裏から太平洋戦争の記憶が消える物語。被爆体験者や、ビキニの海で死の灰を浴びた第五福竜丸以外の元船員たちが過ごしてきた戦後は、まさしくそうした歳月ではなかったか。

小説の終盤、ただ一人正しい記憶を持つ主人公が「あの戦争を経験したもうひとつの日本」がどこかにあるはずだと叫ぶ場面がある。切り捨てられた原水爆被害者たちの人生にも、そんな思いに襲われる刹那があったとすれば、この国はオバマ演説の言う「道徳的に目覚める始まり」にも立っていなかったことになる。「薄れさせてはならない」のは「8月6日の朝の記憶」だけではない。

＊　＊　＊　＊　＊　＊　＊

長崎・被爆体験者訴訟は1陣・2陣ともに最高裁で敗訴。ビキニ被爆訴訟も地裁、高裁で訴えが退けられた。一方で、広島で原爆投下直後に降った黒い雨を浴びながら被爆者健康手帳を交付されなかった84人が起こした裁判は2020年7月29日、広島地裁が全員を被爆者と認めた。そして核兵器禁止条約が21年1月に発効した。

ところが日本政府は、一切の問題解決を望んでいないかのような冷淡な姿勢だ。黒い雨訴訟判決は「科学的根拠を欠く」と控訴を譲らなかった。核禁条約も「我が国のアプローチとは異なる」（加藤勝信官房長官）と署名を拒否している。

「ヒバクシャにもたらされた受け入れ難い苦痛と被害を心に留める」。核禁条約の前文には、こう明記されている。唯一の戦争被爆国として拒否する理由がどこにあるだろうか。アプローチもへったくれもない。

駿馬の幻 「羽田」再国際化と「成田」閣議決定50年
（2016年12月号）

2016年2月18日、4年越しの日米交渉が決着し、10月30日には羽田空港と米国を結ぶ昼間便が就航。20年までに国際線発着枠が年3・9万回増える計画で、羽田は再びの「国際化」に沸く。交渉妥結を報じる当日のテレビニュース。お定まりの街頭インタビューで「（羽田が）便利になる」と歓迎一色の若手ビジネスマンたちに交じり、さほど関心ありませんと言いたげな年配男性の一言が振るっていた。「でもそれなら成田はどうなっちゃうのかね、あれほどもめたのに」。

都心上空の新飛行ルートなど成田空港は旅客数こそ減っていないもののLCC（格安航空会社）頼みで、10月には米デルタ航空が同空港の競争力低下を理由に成田発着4路線から撤退するなど「国内線は羽田、国際線は成田」の不文律は完全に過去のものとなった。だが本当にそれで良かったのか。あれほどもめたのに――。

その年、大阪・千里の丘には6400万人以上が訪れたという。高度成長の完成と経済大国入りを国内外に宣言する戦後最大の祝祭空間。国民的歌手が高らかに歌った。「こんにちは／こんにちは／世界の夢が／こんにちは／こんにちは／緑の丘で／せんきゅうひゃくななじゅうねんの、こんにちは……」。この壮大な仲良しの歌は「こんにちは／こんにちは／握手をしよう」と結ばれるが、万博終了を待っていたかのように、千里丘陵から遥か東の「緑の丘」に振り下ろされたのは握手どころか、国家権力による同じ日本人への非情な暴力だった。

千葉県成田市三里塚への新空港建設に反対する農民らに対し、国は翌１９７１年２月と９月、強制代執行に踏み切る。豊かな森や田畑が広がる北総台地の一角で、反対派と機動隊が鋭く対峙。ある者は地下壕深く立てこもり、ある者は立木に自らの体を縛り付け土地を明け渡すまいと抵抗したが、機動隊の制圧は常軌を逸したものだった。厳寒期に冷水を容赦なく浴びせ、高齢者や子ども相手にも警棒を振り下ろし、立木の上で籠城する者はチェンソーで切り倒して地面に叩きつけた。抵抗する農婦の首を絞めて失神させ排除したとの証言も残っている。動員された機動隊は延べ５万人超、逮捕者は１０００人以上。負傷者は数知れず死者も出た激突は、高度成長の最果てで起きた「資本対農民」の〝内戦〟だった。

しかし、わずか数十年前の出来事だが、日本人の多くはこれらの記憶を急速に忘れ去り、次世代に継承もされていない。航空交渉妥結直後の今春、戦後のニュースを振り返る番組で78年３月の成田開港直前の管制塔占拠映像を見た某タレントは「僕が生まれた年にこんなことがあったなんて、全然知らなかった」と目を丸くした。管制塔占拠さえ知らないのなら、成田空港建設にまつわる数々の強権と衝突、迷走の軌跡は時の流れに埋もれていくしかないのか。

たとえば複数の候補地案が頓挫した挙げ句、66年7月に佐藤栄作内閣が地元に何の相談もないまま三里塚への空港建設を抜き打ち決定したこと。12年後の開港式典で当時の運輸大臣が「難産の子は健やかに育つ」と他人事のように言ってのけたが、その後も続く反対運動に著名な某実業家が「もう出来たものを、農民ごときが何をガタガタ言うか」と差別意識丸出しで吐き捨てたこと。たとえば代執行の年の秋、反対派の若い農民が「空港をこの地にもってきた者を恨む」「本当に国家権力は恐ろしい」と書き残して自ら命を絶ったこと。開港前年には支援学生が機動隊のガス銃水平撃ちで死亡するなど、数多くの人生が空港建設によって狂わされたこと。たとえば「三里塚」「天浪」「駒井野」「木の根」など、今は顧みられることもない地名は明治以降の入植者、中でも戦後、旧満州からの引き揚げ者たちが中心となって懸命に荒野を切り拓き、日本有数の名馬の産地に育て上げた歴史を持つこと。宮内庁の御料牧場も置かれていたが、皮肉にもその巨大な国有地の存在が騙し討ちで空港建設を強行する隠し球となり、入植者たちは再び「国策」に翻弄されたこと。

そのような時代が、かつて確かにあった。何もかも忘却した現代の私たちは、何かを忘れたことすら思い出さないまま、無邪気に羽田再国際化を歓迎している。

盛り上がるような森と丘の風景も多くの血が流された歴史も、滑走路の地下深く分厚いコンクリートに塗り込められた、閣議決定50年目の成田空港。反対派が占拠し開港を遅らせた旧管制塔は2年後に撤去される予定で、闘争のシンボルがまたひとつ姿を消す。

しかし秋風立つ滑走路の彼方に目を凝らせば、都合良く忘れ去られた大地の記憶を慈しむように駆ける駿馬の幻を見るかもしれない。離着陸の轟音が途切れた束の間の静寂に耳を澄ませば、闘争の中で三里塚の青年たちが追慕した「いまは地上から潰えた野槌たちが集いうたう野遊びの歌」（島寛征『野遊びの歌』より）が聞こえるかもしれない。せめて、そうであってほしいと心から願う。

＊　＊　＊　＊　＊　＊　＊

訪日外国人増に向けて２０１８年3月、安倍政権は千葉県や地元自治体、成田国際空港会社（ＮＡＡ）と10年後を目途に3本目のＣ滑走路（３５００メートル）の建設や、Ｂ滑走路（２５００メートル）延伸などの機能強化計画で合意。計画には3本の滑走路の使用時間帯をずらし離着陸を早朝・深夜に拡大する計画も含まれており、先んじて19年10月から深夜に1時間延長され午前6時～翌日午前0時となった。

矢継ぎ早の機能強化策の陰で、空港用地内でＢ滑走路の誘導路を「く」の字に曲げている反対派・市東孝雄さんの農地が強制収容の危機に直面している。その阻止のための請求異議訴訟は18年末に東京地裁が市東さんの訴えを棄却、20年12月17日には同高裁でも敗訴した。

空港建設が閣議決定された１９６６年の日本の食料自給率は68％だが現在は4割を切る。成田空港の歴史は歴代の自民党政権が農を切り捨ててきた過程と合わせ鏡だ。コロナ禍で訪日外国人が激減している今こそ、この地に流されてきた数知れぬ血と涙に思いを巡らせたい。

「帝都」の記憶　戦争の痕跡と2020東京五輪　（2017年3月号）

2016年11月24日、東京都心で11月として史上初の積雪が観測された。

近現代史の東京の雪で最も鮮烈な印象を残すのは、やはり1936年の「2・26事件」だろう。決起主力部隊のひとつ、歩兵第1連隊の駐屯地は大型複合商業施設「東京ミッドタウン」へと姿を変え、「安藤隊」が占拠した料亭「幸楽」の跡地はホテル「ニュージャパン」の悲劇を経て現在は外資系証券会社の超高層ビルが立つなど変貌が著しい。半面、国会議事堂や旧首相官邸（現公邸）以外にも80年前のクーデターの記憶をとどめる建物のいくつかは現存している。

たとえば神田の「学士会館」。近年はテレビドラマ『半沢直樹』（TBS系）のロケ地ともなった昭和初期建造のスクラッチタイル貼りの建物だが、2・26事件では戒厳令下で第14師団東京警備隊司令部が置かれた。戒厳司令部となり下士官兵に投降を呼びかける「兵に告ぐ」も発出された靖国神社そばの「九段会館」（旧軍人会館）も、東日本大震災で被害を受け建て替えが検討されているが、今ならば洋風建築の上に和風の大きな瓦屋根を載せた「帝冠様式」の戦前と変わらぬ威容を見ることができる。

風景がめまぐるしく移り変わる都心だが、実は戦争の時代の痕跡が随所に残る。建物ばかりではない。東京のタクシー会社は大戦末期の44年に整理統合され、その際「大日本帝国」に基づき「大和自動車」「日本交通」「帝都自動車」「国際自動車」と名付けられた大手４社体制が現在も続く。また今でこそ「東京メトロ」と名前を変えている地下鉄はわずか13年前まで、太平洋戦争開始５カ月前に国家統制により発足した「帝都高速度交通営団」が正式名称だった。ＧＨＱ占領下にも解散や公団移行を免れ、戦時体制をその名に残す公共事業体が21世紀まで存続していたのだ。「帝都」の記憶は、まるで地下水脈のようにこの大都会の奥底に今なお留まっている。

そんな東京に２０２０年、２度目のオリンピックがやってくる。16年12月11日、神宮外苑でメインスタジアムとなる新国立競技場の起工式。旧計画の撤回で68億円が無駄になり、五輪後の活用法も定まらないなど課題を残したまま19年11月の完成を目指すが、この地も戦争の記憶と分かち難く結びついている。

旧国立競技場の前身「明治神宮外苑競技場」。１９４３年10月21日、出陣学徒壮行会を記録した「日本ニュース１７７号」の色彩なき映像は、制服・制帽にゲートルを巻き三八式歩兵銃をかついだ雨中泥濘の行進、一瞬の沈黙の後に「生等《せいら》もとより生還を期せず」と声を絞り出した学徒代表の答辞など、破滅への最後の一歩を歩み出そうとする国家の忌まわしい一日を今に伝える。

それから21年後の64年10月10日、旧国立競技場での東京五輪開会式。スタンドで見届けた作家、杉本苑子さんの「20年前のやはり10月、同じ競技場に私はいた。女子学生のひとりであった。出陣していく学徒兵たちを秋雨のグランドに立って見送ったのである」で始まる文章は、同大会に触れた数多の記録の中でも一頭地を抜くものと筆者は信じて疑わない。

外苑競技場は東京五輪の6年前に旧国立競技場へと建て替わったが、杉本さんはトラックの大きさや位置は以前と同じだとしたうえで、こう綴る。

「あの雨の日、やがて自分の生涯の上に、同じ神宮競技場で世界94カ国の若人の集まりを見るときが来ようとは、夢想もしなかった私たちであった。夢ではなく、だがオリンピックは目の前にある。そして20年前の雨の日の記憶もまた、幻でも夢でもない現実として私たちの中に刻まれているのだ。

きょうのオリンピックはあの日につながり、あの日もきょうにつながっている。私にはそれが恐ろしい。祝福にみち、光と色彩に彩られたきょうが、いかなる明日につながるか、予想は誰にもつかないのである。私たちにあるのは、きょうをきょうの美しさのまま、なんとしてもあすへつなげなければならないとする祈りだけだ」(『東京オリンピック』講談社)

旧国立を取り壊し、真新しい競技場で迎える2020東京五輪開会式。その日も「あの雨の日」につながっているとの想像力を排除するなら、新国立は「レガシー(遺産)」の名に値しない。

中央区築地。豊洲移転問題に揺れる東京都中央卸売市場にほど近い幹線道路(晴海通り)脇に、小さな石碑が立つ。足を止める人もほとんどない碑の側面には「紀元二千六百年　八紘一宇」の文字。戦意高揚にも大いに寄与した1940年の祝祭の痕跡だ。そして同じく戦争激化で中止とならなければ、東京で初のオリンピックもその年に開催されていたはずだった。

市場移転迷走の余波を受けるが、3年後の東京五輪でこの地域は新国立など都心部と、臨海部の選手村や競技会場をつなぐ結節点になる予定だ。この石碑が2020年まで残っているとすれば、80年の時を超えて2つの祭典の記憶が都心の路上で束の間、交錯することになる。

＊　＊　＊　＊　＊　＊　＊

杉本さんは17年に、そして秋雨の壮行会で出陣学徒代表として悲壮な答辞を読んだ江橋慎四郎さんも翌18年に亡くなった。おふたりが存命なら、2度目の東京五輪をどんな思いで見つめるだろう。

20年11月、来日したIOC（国際オリンピック委員会）のバッハ会長を前に菅首相は「人類がウイルスに打ち勝った証しとして、また東日本大震災からの復興を発信する大会として」東京五輪を開催すると明言。21年1月の施政方針演説でも繰り返した。

だが歴史に謙虚になれば「〜に打ち勝った証し」などと五輪に必要以上の意味を持たせる危うさが理解できるだろう。21年夏に本当に東京五輪が開かれるなら、静かにその日を迎えたい。何度でも書く。真新しい国立競技場での開会式の日も「あの雨の日」につながっているとの想像力を持たなければ、今はもうここにいない人々に合わせる顔がない。

遅すぎた謝罪　ハンセン病「特別法廷」の闇（2017年6月号）

最高検は2017年3月31日、かつてハンセン病患者の裁判を隔離された「特別法廷」で開いていた問題について元患者側に初めて謝罪した。最高裁が昨春「裁判所の対応に差別の助長につながる姿勢があったことは痛恨の出来事」（寺田逸郎長官）と自己批判したことに続くものだ。

特別法廷は裁判所法の規定に基づき、最高裁が必要と認めた場合に裁判所外で開く法廷。当事者がハンセン病であることを理由とする特別法廷は、1948年から72年まで95件が設置され許可率は99％。結核など他の病気での申請が8割超却下された事実と残酷な対比をみせる。最高裁が16年4月に公表した調査報告書は、本来なら事件ごとに患者の状態や伝染の可能性を検討するはずが、ハンセン病患者には必要性を審査せず一律に特別法廷とする運用が続いてきたと指摘。01年の熊本地裁判決が「隔離政策の必要性が失われ違憲は明白」と断じた60年以降も、27件の特別法廷が開かれたことは「合理性を欠く差別的取り使いで裁判所法に反する」とした。

最後のハンセン病特別法廷から45年。違法な運用の一端が明るみに出たが、全体像は今も深い闇に包まれている。その最暗部こそ今回、最高検が再審請求要請を拒絶した65年前の「菊池事件」

である。

菊池事件は1952年、熊本県内でハンセン病の患者調査に関わっていた村職員を殺害したとして、元患者のF元死刑囚が殺人罪に問われたもの。発端はFさんがハンセン病の疑いをかけられていた前年夏、近隣の職員宅にダイナマイトが投げ込まれた事件だった。職員に犯人として名指しされたFさんはアリバイを主張したものの、ハンセン病療養所「菊池恵楓園」内の出張法廷で懲役10年を言い渡された。絶望感にとらわれたFさんは療養所の特設拘置所を脱走したが3週間後の52年7月、職員の他殺遺体が発見される。Fさんは逮捕され取り調べで犯行を自白、同療養所の特別法廷で翌53年8月に死刑判決。4年後には最高裁が上告を棄却した。

ダイナマイト事件での有罪も家宅捜索時にFさんの家族すら知らない導火線や布片が突如発見されるなど、正当性が極めて疑わしいものだが、職員殺害事件に至っては最初からFさんを犯人と決めつけた信じ難い捜査が展開された。逮捕時、Fさんは警官に拳銃で撃たれて全治7週間の重傷を負ったが感染を恐れた捜査員は満足な治療を施さず、苦痛にのたうつ中で自白調書が取られたのは逮捕の7時間後。およそまともな取り調べが行なわれた形跡はない。

極め付きはFさんが犯行時に着ていたとされる衣服からも、二転三転の末に凶器と断定された短刀からも血液が検出されていない事実だ。検察が拠り所とする、着衣に血痕のない理由が振るっている。「検査資料はそもそも不潔であるし（鑑定前に）滅菌されたそうであるから、何かしら不明の物理的化学的な或いは雑菌等の繁殖等が影響して」（鑑定人意見）。いくらＤＮＡ鑑定などない時代でも、こんな雲を摑むような理由で有罪にできるなら裁判など不要だ。

しかし確たる客観的証拠すらないこの事件に特別法廷が下した判決は死刑。消毒液の匂いが立ち込める法廷、裁判官も検察官も白い予防着に長靴姿、ゴム手袋で証拠品を扱い火箸で調書をめくった。特筆すべきはＦさんが容疑を否認しているのに弁護人が「別段述べることはない」と罪責を争わず、あまつさえ検察が請求した証拠書類の全てに反対尋問なしで同意したことだろう。事実上の弁護放棄にほかならず、傍聴人とて皆無の特別法廷にＦさんの味方は誰もいなかった。

死刑確定から５年。政治家や文化人、学者などが名を連ねる「（Ｆさんを）死刑から救う会」が結成され、３度目の再審請求で過去最大の調査団が現地入り。予断に基づく捜査と人権無視の暗黒法廷にようやく支援の輪が広がり始めた――刑の執行はそんな矢先だった。62年９月14日、菊池恵楓園から福岡刑務所への突然の移送。長年訴えてきたハンセン病の疑いが晴れ一般人と同じ処遇になったと喜んだＦさんを尻目に、３日前に法相が死刑執行指揮書に署名し前日には密かに３次再審請求を棄却。並行して九州唯一の執行設備のある福岡への移送の手はずを整えた法務省には、どんなことがあってもＦさんに再審の機会を与えることのできぬ理由があったと見るべきだろう。執行後、国会で答弁を求められた法相は「たまたま（Ｆさんの）書類が一番上にあり捺印した」と嘯いた。

「先生、どこかへご転勤ですか」。福岡到着からわずか２時間余、顔見知りの教育部長から「お別れだよ」と告げられたFさんは自身への刑執行宣告とは露ほども疑わず、こう問い返したという。「これは騙し討ちだ」が最期の言葉と伝えられる。享年40。

謝罪の一方で最高裁の報告書は、特別法廷が憲法の定める「裁判の公開原則」や「法の下の平等」に反していないとし、最高検も公開原則違反の事実がないので菊池事件の再審請求はできないと突っぱねた。遅すぎた謝罪を口にしつつ違憲性を認めず、単に裁判所法の運用の誤りと問題を矮小化する姿勢は、ハンセン病というだけで患者を憲法の枠外に置いた恥の上塗りと言うべきだ。菊池事件弁護団は国家賠償請求訴訟を準備している。

＊　＊　＊　＊　＊　＊　＊

菊池事件を検察が再審請求しないのは不当として元患者６人が国家賠償を求めた訴訟で、２０２０年２月の熊本地裁判決は、特別法廷について法の下の平等を保証した14条など複数の憲法条項に反するとし違憲と断じた。その一方、事件の再審請求自体は退け、法廷の在り方が違憲なのに、その結論を見直さないという大きな矛盾を抱える判決となった。

同年９月には菊池事件の特別法廷が置かれた菊池恵楓園で１９６５年までに死亡した入所者のうち、少なくとも３８９人の遺体が解剖されていた事実も明らかになった。05年に全国のハンセン病療養所で１１４体の胎児のホルマリン漬け標本が発見されたことを想起させる事態だ。未だハンセン病の闇は途方もなく深い。

あまりに不可逆的な……　従軍慰安婦・消えゆく残映（２０１７年９月号）

旧日本軍の従軍慰安婦問題への「最終的かつ不可逆的な解決」を謳う２０１５年12月の日韓合意に強く異議を唱えてきた元慰安婦の金君子さんが17年7月23日、91歳で死去。韓国政府が認定する存命者は37人になり、日韓合意時から10人減少した。

日韓合意は再検討を掲げる文在寅・韓国大統領の就任で大きな岐路に直面しているが、そもそも「不可逆的な解決」などあり得るのか。これまで慰安婦問題の解決を頑なに拒んできたのは、誰でもない日本側ではなかったのか。

存命の元慰安婦ら12人が昨夏、日本政府を相手に損害賠償請求をソウル中央地裁に提訴。韓国政府も日韓合意で元慰安婦個人の賠償請求権は妨げられないとの立場だが、日本政府は先の大戦や日本の朝鮮併合で生じた被害の賠償は「１９６５年の日韓請求権協定で完全かつ最終的に解決済み」との見解を譲らず、日韓合意に基づく10億円の支払いも元慰安婦への賠償金ではなく韓国政府が設立した支援財団への拠出という形にこだわった。ここにまず両国の大きな溝がある。

さらに問題解決を困難にしているのが安倍政権の歴史認識だ。軍の関与と強制性を認めた93年の「河野談話」を一応は継承しているものの、第1次政権時の07年に閣議決定した「政府が発見した資料の中には軍や官憲による強制連行を直接示すような記述も見当たらなかった」との答弁書を現在も堅持。第2次政権の14年には、河野談話の作成過程に疑問を呈する報告書まで出している。日韓合意をめぐっても韓国政府は元慰安婦に対する安倍首相名の「お詫びの手紙」を出すよう提案したが、首相は「毛頭考えていない」と一蹴。これでは日本が「歴史問題を解決するために最善の努力をしていない」（文大統領）と言われても返す言葉はない。

本当に軍の関与を示す資料は見当たらないのか。実は04年に当時の防衛庁防衛研究所の所蔵資料から、１９３７年に陸軍大臣が改定した「改正野戦酒保規程」という軍の内部規則が発見された。軍隊内の物品販売所に「慰安施設を作ることができる」との項目を追加するもので、大臣名で慰安所設置に法的根拠を与える内容だ。40年9月には日中戦争の経験を基に「性的慰安所の指導監督の適否は（兵士の）志気の振興、軍紀の維持、犯罪および性病の予防に影響するところ大」と奨励する通知を陸軍省が各部隊に送付。太平洋戦争開戦10カ月後の42年9月の「陸軍省課長会報」には、大東亜共栄圏内に計４００カ所の慰安所が作られたと記されている。

そして今春、国立公文書館が内閣官房に慰安婦問題に関する公文書１８２点を新たに提出した。そのひとつが「バタビア裁判25号事件」資料。戦後、オランダ軍がＢＣ級戦犯を裁いたインドネシアの軍法会議で懲役12年の判決を受けた日本海軍特別警察隊の元隊長が62年に法務省の聞き取りに応じた記録だが、そこには「（慰安婦として）現地人など70人を連れてきた」「200人位の婦女を慰安婦として奥山部隊の命によりバリ島に連れ込んだ」との証言が明記され、強制売春が戦争犯罪に問われぬよう多額の軍資金で住民に口封じを行なった事実も生々しく語られている。別の裁判資料には「婦女子を慰安所に入れて売淫を強制」との有罪判決を受けた日本兵の記録もある。

ところがこれだけの新たな公文書を前にしても、安倍政権は「全体として見ると強制連行を直接示すような記述は見当たらない」。まず結論ありきだが、そうした文書が「見当たらない」理由は、実は至極単純なのかもしれない。作家・内田百閒の日記『東京焼盡』には45年8月14日の敗戦前夜、大本営から火の手が上がったことが記され「何か焼き捨ててゐるのではないか」。同17日にも同様の記述がある。また2016年に亡くなった元NHKアナウンサーの近藤富枝さんは、著書『大本営発表のマイク』（河出書房新社）で玉音放送直後の8月15日午後3時ごろの霞が関について、外務省や海軍省など複数の省庁から濛々と黒煙が立ち上り「晴れていた空が薄墨色になり黒い切片が一面に舞っていた」と記している。敗戦後、いの一番に進駐軍相手の慰安婦を募集するほど「軍と性」に通じた日本政府のことだ。マッカーサーの厚木到着を目前に慌てて焼却された機密文書に、日本軍の慰安婦関連書類が含まれていなかったと誰が断言できるだろうか。

遠い戦地で日本軍と行動を共にした、名も知らぬ慰安婦たちは敗戦でどうなったのか。公式な記録は皆無だが、たとえばビルマ戦線に従軍した元軍楽隊員の95年の著書（斎藤新二著『軍楽兵よもやま物語』光人社）では45年7月、敗走する中で目にしたこんな光景が語られる。「哀れを誘うのは慰安婦の集団だった。体を張って稼いだ軍票の束を体にくくりつけて筏を河に乗り入れた。水を含んだ札束はあまりにも重かった。彼女らはことごとく水に流された」

軍票と同様、敗戦で無価値となった慰安婦たちの無念と怨嗟がどれほど深くても、戦後の日本人は正面から向き合わず、わずかに残った彼女たちの残映が消えつつある今、日本が真っ当に償う機会も永遠に失われようとしている。その取り返しのつかなさこそ「不可逆的」である。

＊　＊　＊　＊　＊　＊　＊

「被害者が生きている間に謝罪と賠償をしなければ日本は永遠に戦犯国家として残る」。戦後75年の秋、韓国の元慰安婦ら12人が日本政府に賠償を求めた訴訟の最終弁論で、91歳の原告はこう訴えた。

そしてソウル中央地裁は21年1月8日、原告が慰安婦として受けた行為は「日本人によって計画的、組織的に強行された反人道的犯罪」と断じ、日本政府に1人1億ウォン（約950万円）の賠償を命じた。菅首相は、国家には他国の裁判権が及ばないとする「主権免除」が国際法上の原則で「断じて受け入れられない」と語気を強めたが、後述するように戦後長く歴代自民党政権も個人請求権を否定してこなかった経緯がある。何よりも日本政府と日本人が歴史の真実と真っ当に向き合わない限り、戦後はいつまでも終わらない。

逢魔が刻　昭和失踪譚・上

（2017年11月号）

　2016年、映画化された横山秀夫氏の小説『64（ロクヨン）』は7日間しかない「昭和64年」に起きた未解決誘拐殺害事件を題材に、長編ながら一分の隙もない傑作ミステリーだ。横山氏は群馬県の地方紙、上毛新聞の元記者。些細な事実を丹念に積み上げていく手法は流石だが、中でも記者時代に間近で遭遇した実際の事件を下敷きにした2つの代表作からは時代の濃密な空気が匂う。『クライマーズハイ』が日航ジャンボ機墜落事故、そして『64』は「功明《よしあき》ちゃん事件」だ。身代金目的の誘拐殺人として戦後唯一の未解決事件から今秋で30年。

　現実の事件が起きたのは64ならぬ昭和62（1987）年9月14日。この日の夕方、高崎市の住宅街から一人の男の子の姿が消えた。当時5歳の幼稚園児、荻原功明ちゃん。2日後、功明ちゃんは同市内を流れる碓氷川の支流、寺沢川で全裸遺体となって発見された。

　功明ちゃんは事件当日、午後4時50分に自宅を出て近所の神社に遊びに出かけた。いつもは家族の誰かと一緒に外出していたが、この日に限って一人だったという。同居する祖母が神社前を通りかかり、功明ちゃんの姿が見えないことに気付いたのが午後5時。その間わずか10分、自宅から神社までは20メートル。神社入り口を塞ぐように停まっていた白い車の目撃証言もある。

犯人からは、その日の午後６時42分に荻原さん宅に身代金２０００万円を要求する電話がかかる。そして午後8時3分、３回目の電話に功明ちゃんが出た。父親に「元気。これから帰るよ。お巡りさんと一緒」と告げたが、最後の一言は疑問形なのか、そうではないのか。即ち「一緒？」と父親に尋ねたのであれば荻原さん宅に警察がいるのかを聞くよう犯人に命じられた可能性が高く、そうでなければ功明ちゃんの傍らに警官とおぼしき人間がいたことになる。前者と思った父親が答えあぐねているうちに電話は切れ、その意味次第で事件の構図が一変する言葉の謎は解明されていない。

捜査本部の調べでは、殺害時刻は父親と言葉を交わした直後から翌朝午前10時までの間。功明ちゃんは寺沢川にかかる入の谷津橋から、生きたまま13メートル下に投げ落とされた。落下の衝撃で動けなくなり、川の水と川底の砂を大量に吸い込んで窒息死したとみられる。幼い子どもが犠牲となった過去の事件の中でも、ほとんど類例を見出し難いほどの残忍な犯行である。

02年9月、時効成立。インターネット上には今も、群馬県警が公開した脅迫電話の犯人の肉声が残る。当時、全国から11万を超える問い合わせがあったが犯人に結びつく手がかりを警察、いや『64』に倣えば「D県警」は摑むことができなかった。それどころか事件発生翌日の15日に逆探知の態勢をなぜか解除し、犯人の電話絞り込みに失敗した事実は小説にも反映されている。男の声は、そんな醜態を嘲笑っているようでもある。

事件が起きた87年、世間はバブル景気に酔っていた。地価は高騰を続け、東京の山手線内側の土地価格で米国全土が買えるとまでいわれた時代。国鉄がＪＲとなり、ゴッホの絵画『ひまわり』を日本企業が53億円で落札したのもこの年だ。マドンナなど海外アーティストの公演も相次ぎ、9月に初来日した故マイケル・ジャクソンはこの事件を知り「今回のツアーを功明君に捧げる」と異例のメッセージを発した。

そして遺体発見の２日後、９月18日には宮内庁が昭和天皇の腸疾患を発表し22日に手術。事件の続報を伝える同じ新聞紙面には「回復願い、お見舞いの記帳始まる」との記事も見える。バブルの喧噪の中、昭和が幕引きに向けて歩み出そうとしていた。

そんな時代の夕暮れに、ふいに現れた正体不明の男の行方は杳として知れない。昼から夜に移ろう薄暮の時間帯を「逢魔が刻」と称するが、街並みが夕闇にぼやける、その覚束ない物陰から溶け出すように現れた異界の者が功明ちゃんを連れ去ったのか。功明ちゃん誘拐の翌日には現在の群馬県太田市で当時８歳の大沢朋子ちゃんが失踪、殺害されたがやはり犯人はわかっていない。

犯人の肉声をもう一度聴いてみる。「もしもし、荻原か。今日夕方6時までに１０００万用意しとけ。また電話かける」。誘拐翌々日の朝、最後の脅迫電話。男が一方的に言い置いて電話を切るまで約20秒、絞り出すような不気味な低音が耳の奥に張り付く。この時点ですでに功明ちゃんは殺害されており、犯人が身代金を受け取ることはなかった。受け渡し場所の指定もしなかった犯人の目的は本当に金だったのか。

群馬・栃木両県では79年から96年までの間に功明ちゃんを含む8人の子どもが殺害または失踪し、その全てが未解決という異常な状況にある。これら未解決事件のうち、「朋子ちゃん事件」など5事件は「北関東連続幼女誘拐殺人」として関連性が取り沙汰されるが唯一、被害者が男児である功明ちゃん事件は範疇外の扱いだ。しかし5歳児を生きたまま川底に投げ落とす歪んだ狂気が、別の捌け口を求めることはなかったのか。昭和末年に置き去りにされた大きな謎である。

＊　＊　＊　＊　＊　＊　＊

身代金目的の未解決誘拐事件は功明ちゃん事件が戦後唯一だが、未だ解決に至っていない失踪・行方不明事件は数多い。

中でも1991年は女子児童が行方不明になる事件が多発した。3月に三重県四日市市で小学校2年生が、7月には福島県船引町で同2年生が忽然と姿を消した。また10月1日に横浜市旭区で同3年生が、同26日には千葉市若葉区で中学1年生が失踪した。いずれの事件も30年近くが経った今も被害者は発見されていない。

警視庁の統計によると年間の行方不明者届は約8万件、子どもの行方不明事案も年間1000件前後発生している。

慣れし故郷を放たれて　昭和失踪譚・下（2017年12月号）

新潟市の繁華街、古町から西へ約1キロ、日本海に程近い市立寄居中学校。その日の午後6時半ごろ、部活動のバドミントンの練習を終えた1年生の少女は2人の友達と校門を出た。周囲は静かな住宅街、海へと延びる緩やかな坂道を上っていく。友達の1人とはすぐに別れ、もう1人も次の交差点を曲がり家路に。1人になった少女が坂道を直っすぐ進むと、角に白い壁の家のあるT字路へ至る。そこを左折し細い路地に入れば、あと100メートルほどで母親が夕食に少女の好きなシチューをつくって待つ自宅の玄関を開けられるはずだった。その辺りの、どこか――。

少女は何者かに連れ去られ、北朝鮮の工作船に乗せられた。午後7時ごろ、日本海で船舶用ディーゼルエンジンのものとみられる爆音を複数の近隣住民が聞いている。真っ暗な船倉で約40時間、泣き叫び壁を掻きむしり続けた少女の両手の爪は剝がれ血まみれだったという。

「静かにしなさい」。蓮池薫さんら、ほかの拉致被害者も言われたという丁寧すぎる脅迫の言葉を、13歳の少女も聞いたのだろうか。トランプ米大統領も9月の国連演説で言及したその少女、横田めぐみさんが1977年11月15日に拉致されて今月で40年。一触即発の北朝鮮情勢の中で拉致被害者の消息は依然、深い闇の向こうにある。

日本政府が認定する拉致被害者は17人。北朝鮮が拉致を認めた２００２年秋、５人が祖国の土を踏んだが以来15年、誰も帰国を果たしていない。真偽は不明だが、17年９月には77年に鳥取県で拉致された松本京子さんの結婚当日のものとされる白黒写真を韓国の被害者団体が公表した。

さらに17人の外周には「特定失踪者」という名の、即断できる証拠がなく拉致と認定されていない多くの行方不明者がいる。特定失踪者問題調査会作成のリストによると、拉致の疑いのある失踪は敗戦直後の１９４８年から21世紀に入っても続いている。70〜80年代は特に多い。

近年、明らかになったのが日本近海で漁船の日本人船員を連れ去る「海上拉致」だ。現在は韓国で記者を務める北朝鮮の元工作員が今春、来日しその手口を証言した。使用する工作船の船体には漢字で「〇〇丸」などと書かれ日本漁船を装い、夜間に無灯火で漁船に接近しナイフや銃で船員を制圧。10〜30代の若い船員だけを工作船に乗せ、残りは船倉などに閉じ込めて船ごと沈め証拠隠滅を図ったという。

海上拉致に関しては80年代に青森県沖で５人が乗った日本漁船を襲撃し30代男性を拉致したとの元朝鮮人民軍幹部の証言もあるほか、67年11月にオホーツク海沿岸の北海道雄武《おうむ》町でイカ漁に出たまま親子４人が、88年７月には宮崎市沖で海釣りに出た男性２人が船ごと失踪し、いずれも何の手がかりもなく海難事故として処理されたが、近年の調査で拉致の疑いが浮上している。先述の元工作員によれば海上拉致は60年代から80年代半ばまで繰り返され、拉致被害者10人以上、50人超が殺害されたと推測する。

行方不明後、残された多くの家族の元に不審な電話や身元不明の訪問者など、不可解な出来事が起こったのも特定失踪者の大きな特徴だ。無言電話のみならず失踪翌日「今さら仕方ないだろ」と一方的に言い置いて切れた、失踪8日後に幼い女の子のような声で「××捕まってるよ」と言われた、失踪の数年～十数年後に見知らぬ女性から「××さんはいませんか」との電話があった……。中には行方不明から25年も経って「××は、おばさんの世話で北朝鮮に行った」などと早口で話す電話もあったという。また11年後に「××が結婚する相手の近所の者」を名乗る正体不明の2人組が集落の区長宅に現れ、失踪者の実家の場所を尋ねた事例もある。これら不気味な事象は失踪者家族への監視の目の存在を窺わせる。

特定失踪者は、あくまで「拉致の可能性を否定できない」存在。事情も背景も各々異なり、16年も3人が日本国内で確認されリストから外された。しかし少なくとも膨大な数の失踪者が存在することだけは疑いない。そして長ければ数十年間、何の情報も誰からの助けもないまま、肉親の帰りを待ち続け真綿で首を絞められるような歳月に耐える家族の存在も、である。

朝鮮総連の元幹部は自著で、工作員の上陸・接触ポイントとして日本海沿岸を中心に38カ所を選定し北朝鮮に報告したと書いている。その周辺地域で消息を絶った特定失踪者も少なくない。

日本人拉致はいつからいつまで続き、どれだけの数の人が連れ去られ、今も生存しているのは何人か。そして日本を舞台にした北朝鮮の工作活動の全貌はどのようなものだったのか。その全てが明らかにならない限り、この国の現代史には大きな空白が残ったままである。

「慣れし故郷を放たれて、夢に楽土求めたり……」。拉致の８カ月前、小学校卒業式後の謝恩会で横田めぐみさんがシューマンの歌曲『流浪の民』の、この一節を独唱したのは歴史の皮肉だが、不幸にして流浪の民となった拉致被害者、特定失踪者たちは、決して楽土を求めてかの国に行ったのではない。彼らが慣れし故郷に戻れるのは、いつの日なのだろうか。

＊　＊　＊　＊　＊　＊　＊

「政治は結果が全て」との安倍首相の言に照らせば、「拉致問題を解決しなければとの使命感」から首相に返り咲いたと大見得を切り「最重要課題」と連呼してきた歴代最長政権が、何らの成果も上げられなかったことは万死に値する。２０２０年２月には有本恵子さんの母、嘉代子さんが、６月には横田めぐみさんの父、滋さんが相次いで鬼籍に入った。

日朝ストックホルム合意や米朝首脳会談などの機会を活かせず、米朝会談後には「前提条件なしの対話」への方針転換に追い込まれるなど、その外交哲学の欠如は目を覆うばかりだ。退陣会見で安倍氏は米・中・韓国などの首脳が「北朝鮮との会談で拉致問題に言及するようになった」と胸を張ったが、７年８カ月の成果が他国に口添えしてもらうことでしかないなら、安倍氏の「使命感」など所詮その程度のものだったのだろう。

名乗らぬ男

再審請求棄却「飯塚事件」の闇

（2018年5月号）

一口に裁判のやり直しを求める「再審請求」と言っても、2種類に大別される。罪に問われた本人が訴える場合と、当人が亡くなった後の請求（死後再審）である。

戦後の有名な事件でも死後再審請求がなされ、現在も続いている。たとえば「帝銀事件」は冤罪を訴えた平沢貞通・元死刑囚が1987年に病没した後も遺族が死後再審を求め続け、3年前に第20次再審請求に入った。奥西勝・元死刑囚が第9次再審請求中の2015年に89歳で病死した「名張毒ブドウ酒事件」は、妹が10次再審を提訴したが17年末、名古屋高裁に退けられ現在、異議審に移っている。

18年2月6日に福岡高裁が請求を棄却した「飯塚事件」も故人の妻が申し立てた死後再審だが、他の事件とは決定的に異なる点がある。久間三千年・元死刑囚は病死したのではない。死刑判決が06年9月に最高裁で確定し、再審請求の準備が進んでいた08年10月に執行されたのである。執行後の再審請求は、死刑制度の在り方を根底から揺さぶっている。

事件が起きたのは1992年2月20日。福岡県飯塚市の小学1年の女児2人（いずれも当時7歳）が行方不明になり翌日、現在の同県朝倉市の山中で遺体で発見された。県警は事件から2年半以上たった94年9月、同じ校区内に住む久間元死刑囚を逮捕したが、関与を直接示す証拠は皆無で久間氏は一貫して無実を主張し続けた。

死刑判決が有罪の拠り所にしたのは、①被害者に付着した血痕から久間氏と同じDNA型を検出②遺留品発見現場で久間氏の車と同じ特徴のワゴン車を見たとする男性の目撃証言——などの状況証拠。2014年の福岡地裁の再審請求棄却を受けた今回の即時抗告審でも、それらの信憑性が焦点となったが幾つもの重大な疑念が生じている。

まず①について警察庁科学警察研究所（科警研）による飯塚事件のDNA型鑑定は、再審無罪の「足利事件」で信用性に疑問符が付いた「MCT118法」で鑑定人も同一。しかも後に福岡県警の依頼で実施された別手法の鑑定では久間氏の型が検出されなかったうえ、科警研鑑定で試料のほとんどを使い尽くしたとされ足利事件のような再鑑定も不可能だ。

さらに再審請求審で弁護団に開示された科警研鑑定のネガフィルムを分析すると鑑定書の写真より広範囲が写っており、筑波大学の本田克也教授（法医学）の解析でカット部分に被害者でも久間氏でもない第三者のDNA型が確認された。科警研が意図的に焼き付けなかった疑いすら浮上、高裁決定でもDNA型は「一致したとも、一致しないとも言えない」と証拠能力を事実上否定された。

だが福岡高裁はほかの状況証拠から、久間氏が犯人だと「重層的に絞り込まれている」と再審を認めなかった。ならば死刑判決のもうひとつの柱である②は信用するに足りるのか。男性の警察への目撃証言は事件の10日後から複数回に及ぶが、不可解なことに時間の経過とともに記憶が薄れるどころか、回を重ねるごとに詳細を極めていく。驚愕するのは事件17日後（3月9日）の証言だ。1週間前の初回には「紺色ワゴン車」程度だった車の特徴が、この日は「トヨタや日産ではない」「後輪がダブルタイヤ」「ガラスにフィルムを貼っていた」「タイヤのホイールキャップの中に黒いライン」「車体にラインが入っていない」など全ての要素が久間氏の車と符号している。

しかし問題の車が目撃されたのはカーブの連続する峠道。証言通りであれば、男性は軽自動車を運転し下り坂の左カーブを曲がる際、対向車線脇に停まったワゴン車を十数秒間見たことになる。すれ違う車への注意も払いつつ一瞬でこれだけの仔細な目撃が可能なのか。しかも驚くべきことに、ダブルタイヤの確認について男性は運転席の窓から身を乗り出し右後方を振り返ったと語っている。真冬の峠道で、こんな無謀な姿勢で下りカーブを曲がったなどにわかに信じ難い。「ラインが入っていない」との証言も相当に無理がある。確かに久間氏は、もともと車体側面に入っていた特徴的な赤系統の2本のラインが気に入らず剝がして乗っていたのだが、そんな事情を知る由もないはずの目撃者が実際には見ていないもの、つまりそこにないラインの存在にわざわざ自分から言及するだろうか。捜査員による誘導を強く疑わせる。

実は再審請求審で検察側が開示した捜査報告書から、3月9日の供述調書を作成した巡査部長

（当時）が、その２日前に久間氏の車を下見していた事実が明らかになっている。こうした経緯を百も承知で、それでもなお久間氏が犯人だと「重層的に絞り込まれている」とは、高裁は最初から結論ありきだったと言うほかない。

17年５月の結審時、福岡高裁で開かれた弁護側・検察側・裁判官による最終の「３者協議」に、その人物は名乗らぬまま出席していた。99年に一審の死刑判決を出した裁判官３人のうちの１人、柴田寿宏裁判官だと後に判明する。17年夏時点で同高裁の即時抗告審担当部署の所属だったが（同年９月に異動）、公平な裁判の建て前などかなぐり捨てて一審判決を書いた裁判官が再審請求の審理に関わる異様さが物語るのは、死刑制度維持への国家権力の空恐ろしい執念である。執行後に再審が認められた元死刑囚は過去に１人もいない。

＊　＊　＊　＊　＊　＊

久間元死刑囚の刑執行には重大な疑念がある。足利事件のＤＮＡ再鑑定の可能性が一斉に報じられたのは08年10月17日。そのわずか1週間後の同24日に当時の森英介法相が死刑執行を命令し同28日執行。判決確定から２年余、足利事件の急展開に追われるかのような異例のスピード執行に、何の思惑も無かったと考えるなら国家権力を甘く見すぎている。

同じく人ひとりの命を奪う行為でありながら、単に「執行」として抽象化する死刑制度の危うさを飯塚事件は物語っている。死後再審を行なうべきだ。

渇《かつ》え殺し　巨大公共事業〝兵糧攻め〟の戦後史（2018年7月号）

文字通り〝現金な奴〟というところだろう。札束で横っ面を叩くが如きえげつなさである。

米軍普天間基地の移設問題が最大の焦点となった2018年2月の沖縄県名護市長選で、与党が全面支援した新顔の渡具知武豊氏が反対する現職・稲嶺進氏を破ったことを受け、安倍政権は8年間の稲嶺市政時代に総額135億円をストップしていた「米軍再編交付金」の支給再開を決定。まず17、18両年度分の29億8000万円を交付するが、その傍らでエメラルドグリーンの辺野古の海を埋め立てる護岸工事は着々と沖合に延び、7月にも土砂投入開始の危機が迫る。

飴と鞭の使い分けは、沖縄県全体に対しても露骨に続いている。沖縄の自立的発展を目的とした「沖縄振興一括交付金」は辺野古移設を容認した前県政では一貫して増え続けたものの、移設反対の翁長雄志知事の就任後、減少の一途で18年度政府予算では最多だった14年度に比べて3割減。今秋の県知事選を睨んだあからさまな兵糧攻めだが、そんな中で今年も6月23日の「沖縄慰霊の日」が近い。カネに飽かして地方自治に介入する人品卑しい我が宰相は、例年通り何喰わぬ顔で慰霊式典に出席するのだろう。まさしく「どのツラ下げて」と言うしかない。

国の政策に異を唱える自治体への兵糧攻めは、何も沖縄に限った話ではない。戦後政治史の折々で、暴戻の景色は繰り返されてきた。

岡山県北部、吉井川の上流部にかつて奥津町という町があった。1959年に周辺3村の合併で誕生したこの町の町是はダム建設阻止。合併の2年前、県と旧農林省が地元との合意なく決定した「苫田《とまた》ダム」建設計画で、全戸数の半数近くが水没するとされた町は独自の「ダム阻止条例」まで制定して抵抗、中国山地の奥深い山峡で地域を挙げた絶対反対の闘いが30年以上も続いた。

尋常ではない飴と鞭が始まったのは、旧自治省官僚OBの長野士郎・岡山県知事がダム建設推進に方針転換した76年以降。特に建設基本計画が告示された翌年の82年以後、県は水没予定地の公共事業を一切認めない強硬策を打ち出した。それでも奥津町民の反対の意思は固く町長選は7代目まで常にダム阻止派が勝利したが、県と旧建設省はダム建設への同意を前提に町予算の40倍に当たる総額655億円の「奥津町長期振興計画」を提示。これを町が拒否するや、一転して長野氏は国からの補助金を県段階でストップする前代未聞の行政圧迫に踏み切った。町を貫く幹線道路整備や水田の区画整理を止め、果ては老朽化したゴミ焼却場の改修さえ認めない常軌を逸した兵糧攻めのもと、86年から89年にかけて阻止派町長3人が相次いで町予算すら組めず任期途中で辞職に追い込まれる異常事態となった。

一方で岡山県は町民の切り崩しも着々と進めた。たとえば88年末作成の県内部資料は、翌89年を「阻止地権者崩しの正念場」と位置付け、同年度中に立ち退きに同意すれば「協力感謝金」の名目で500万円を支給、90年度はその半額、91年度以降は不交付と、恥も外聞もない「飴」をぶら下げている。しかしその効果は絶大で89年秋には水没戸数の8割が立ち退きに同意した。

最終的にダム建設手続きが完了したのは、水没地域の大半が村外に去り阻止派が町長選への候補擁立を断念した翌年の94年8月29日。この日の午前、臨時町議会でダム阻止条例の廃止が議決され、午後には旧建設省・岡山県・奥津町の3者がダム建設基本協定書に調印。その中には総額1400億円近い町「地域総合振興計画」も含まれたが、強権と恫喝の果てに町の大半がダムの底に沈むことと引き換えの「振興」とは、何と空虚な響きだったことか。

建設計画発表から48年後の2005年3月末、苫田ダム完成。立ち退き504世帯。その1カ月前、奥津町は周辺3町村と合併し、最盛期6000人以上の住民が暮らした町は地図からも消えた。ところが現在、苫田ダムは水余りに直面している。日量40万トンのうち県内の市町村が購入しているのはわずか3割。10万トン余は買い手がつかずやむなく岡山県が引き受けているが、余剰分を洪水調整として約5億円で買い取るとの国の打診を県は17年、低価格を理由に拒絶した。

計画当初、食糧増産のための農業用水用とされた建設目的が工業用水、都市用水、治水と二転三転し、その度に必要性が問われてきた苫田ダム。かつて奥津町を追い詰めた国と県の関係が揺らぐ今、ひとつの町とそこに生きた人々の思い、そして地方自治を諸共に水底に沈めた巨大ダムは、その存在理由に改めて疑問符が突きつけられている。

羽柴秀吉は兵糧攻めを得意とした武将だ。別所長治が籠もる播磨三木城を完全包囲し相手の兵糧が尽きるのを待った「三木の干殺し」、中国攻めで吉川経家の因幡鳥取城を4カ月にわたり封鎖した「鳥取の渇《かつ》え殺し」が知られる。

特に後者は補給を完全に断ったうえで、城内で味方の人肉を食べるほど極度の飢餓に苦しむ人々の周囲で市を開き食べ物を見せつけ、歌舞音曲で戦意を失わせたという。しかし、それらは単に歴史上の逸話だろうか。時の権力への異議申し立てを孤絶へと追い込む容赦なき「渇え殺し」は、この国の為政者に連綿と受け継がれているのではあるまいか。

＊　＊　＊　＊　＊　＊　＊

沖縄の基地問題はもちろんだが、ダム建設計画が地域に深い影を落とす構図も現在進行形だ。20年春、本格稼働した八ツ場《やんば》ダム（群馬県）に続き、同じく旧民主党政権下でいちどは中止が明言されたはずの川辺川ダム（熊本県）も7月の九州豪雨を契機に必要論が再燃、熊本県の蒲島郁夫知事は11月19日、建設容認を明言した。

一方で根強い反対運動が続く地域もある。長崎県川棚町に県と佐世保市が計画する石木ダムをめぐり、建設予定地で住民が毎日のように座り込みを続けている。20年10月には国の事業認定取り消し訴訟で最高裁は住民敗訴の決定を下したが、それでもかつての奥津町を思わせる必死の抵抗は続く。計画決定からすでに45年。建設中止を検討すべき時ではないのか。

〝受忍論〟の影　「平成」最後の夏に（2018年9月号）

夏を目前にした2018年6月半ば、ある訃報が届いた。星野弘さん、享年87。10万人が亡くなったとされる1945年3月10日の東京大空襲で自宅を焼かれ叔父夫婦を失い、2007年からは民間の空襲被害者の救済を国に求めて原告131人の東京大空襲訴訟の原告団長を務めたが、敗訴。近年は被害者救済の立法措置を訴えてきたが、その実現を見ることも叶わなかった。

16年には名古屋大空襲で左目を失う障害を負いながら、やはり空襲被害者救済に半生をかけた杉山千佐子さんが101歳で世を去っている。間もなく73回目の敗戦忌。民間戦災傷害者への国家援護は未だ何の展望も見えないまま、平成最後の夏が過ぎようとしている。

戦後、国は旧軍人・軍属には累計約60兆円の援護を実施。軍人恩給は現在でも毎年3000億円近い。一方で民間戦災者は戦時中、雇用関係がなかったことを理由に補償を拒み続けてきた。戦時中は曲がりなりにも空襲被害者らへの給付金も存在したが、敗戦後に廃止されそれっきりだ。

同じ第2次大戦の敗戦国でも、ドイツは一般市民も外国籍でも空襲被害を広く補償している。

戦勝国のフランスも軍人・一般市民に戦争被害補償の区分けはない。反面、日本は杉山さんらの運動で１９７０年代から旧社会党などを中心に援護法案が計14回、国会提出されたが全て廃案に。国を相手取り相次いで起こされた損害賠償訴訟も、ことごとく敗訴した。

戦後政治史を辿れば、国と自民党は「戦後処理」の幕引きを急いできた。主権回復後、いち早く旧軍人・軍属やその遺族への援護を復活・強化させる一方、民間の戦争被害補償は広島・長崎の被爆者援護法、沖縄戦の「戦闘参加者」、シベリア抑留者への一時金支給など、わずかずつ進んだものの、その度に政府の確認文書には「戦後処理は終了した」の文言が繰り返し登場する。

国の本音が透ける文書もある。被爆者援護の在り方を議論するため79年に設置された厚生相（当時）の諮問機関「原爆被爆者対策基本問題懇談会」。近年明らかになった議事録には「国家補償をやれという考えが強く出ますと非常に政府全体として困る」（厚生省職員）、空襲被害者やシベリア抑留者を念頭に「こちら（被爆者）が一歩前進しますと、ハチの巣をつついたように色んな問題が飛び出してくる」（最高裁元判事）など国家財政への影響回避を最優先する発言が幾つも記録されているほか、当時の橋本龍太郎厚生相に至っては「非常に厄介なのが名古屋を中心としたグループ及び東京の下町を中心としたグループ」などと空襲被害者の補償拡大要求にあからさまな嫌悪を示している。

結局、80年12月にまとめた報告書は原爆放射線による健康被害を「特別な犠牲」と配慮の必要を認めつつ、それ以外の民間戦争被害をこう切り捨てた。「戦争という非常事態のもとで、国民が何らかの犠牲を余儀なくされたとしても、それは国をあげての戦争による『一般の犠牲』として、すべての国民がひとしく受忍しなければならない」。その後、空襲被害など民間戦災者の国家賠償の訴えに高い壁として立ちはだかることになる「受忍論」が、初めて国家意思として明確な姿を現した瞬間だった。

戦時下、国民に空襲時の避難を禁じ消火義務まで定めた防空法（37年制定）の存在が被害を拡大させた事実すら、現代では都合良く忘れ去られている。2017年春、超党派の国会議員が存命の空襲被害による身体障害者に限り1人50万円の見舞金を支払う議員立法を起案したが、未だ国会提出にさえ至っていない。法案の目的は損害賠償でも生活保障でもなく「労苦への慰藉《いしゃ》」。「なぐさめ」程度の意味しかなく、国の謝罪はどこにも盛り込まれていない。

「モウ一度戦果ヲ挙ゲテカラデナイト難シイト思フ」。思えば万死に値する一言だった。日本の敗色がもはや決定的だった1945年2月、早期終戦を進言した「近衛上奏文」に対し、昭和天皇がこう語ってその可能性を退けたことで翌月からの沖縄戦や、東京大空襲を皮切りにした日本中の都市への無差別爆撃を止められなかった歴史は拭い難い。それどころか東京大空襲ひとつ取っても、3月10日の夜に一体何人が死んだのかすら今もはっきりしていない。

現天皇は2019年春、退位する。沖縄やサイパンなどかつての激戦地を訪ねる「慰霊の旅」が昭和天皇の為した行為への贖罪の意味合いが含まれることを否定しないが、ならば父親の遅すぎた聖断が数多の民間戦災者を生み、今なお未補償で放置され続けている事実を前に何を思うのか。そして戦争被害とは本当に「全国民がひとしく受忍」せねばならないものなのか、退位前に天皇の口からぜひ聞きたい。

それらの問いは、きっと過去にのみ向けられているのではない。04年に成立した国民保護法では有事の際の損害補償対象を、国や自治体の要請に協力した国民が死傷した場合に限定している。仮に安倍政権が「国難」と呼び陸上配備型「イージス・アショア」まで導入して備えよと唱える、かの国のミサイル攻撃で住民に犠牲や損害が出たとしても、国に貢献した被害でなければ救済する制度も論理もない。戦後73年目の夏、受忍論は今も私たちのすぐ隣にある。

＊　＊　＊　＊　＊　＊　＊

空襲被害者などの救済のため超党派の議員連盟が用意した法案は、戦後75年の2020年も国会提出できなかった。

対象は全国の空襲や沖縄戦で被害を受け心身に障害が残った民間人で、支給額は1人当たり50万円、総額はわずか約23億円。そもそも国が起こした戦争に「等しく耐える」と言いながら、元軍人には巨額の補償があるのに民間人に対してはこの程度の救済ですら、いつまで待っても実現しない。これほどあからさまな官民差別を長年放置してきた国は、第2次大戦の当事国では日本だけである。

忘却の毒　カネミ油症事件・置き去りの50年（2018年12月号）

あなたがニュースや社会問題に一定の関心をお持ちなら、水俣病やイタイイタイ病など「4大公害病」の原因や加害企業を答えることができるかもしれない。

それでは1968（昭和43）年に起きた「カネミ油症事件」はどうだろう。カネミ倉庫（福岡県北九州市）製の米ぬか油「ライスオイル」が原因の国内最大の食品公害ということは認識している人でも、汚染された油の流通経路や購入先の調査が満足に行なわれず被害の広がりは今なお不明のままであることや、有効な治療法すら確立されておらず現在も認定と救済を求める被害者が数万人規模で残されている事実を知っているだろうか。発生から半世紀、カネミ油症はなお現在進行形の深刻な公害なのである。

黒い吹き出物や手足の痺れ・硬直、内臓・神経疾患、骨や歯の異常などの油症が福岡・長崎両県をはじめ西日本一帯で現れ始めたのは68年春。翌69年秋までに保健所に1万4000人以上が被害を届け出たが、認定されたのは50年間で2300人余。油症の全体像は今も定かではない。

事件経過を検証すると、随所で国の我関せずの姿勢が際立つ。発生当初、製造工程で油の脱臭の際に加熱媒体として使用していたPCB（ポリ塩化ビフェニール）の混入が原因とされたが、後の調査でPCBが熱変成した、はるかに毒性の強いダイオキシン類PCDF（ポリ塩化ジベンゾフラン）が主因と判明。国は70年代半ばにはこの事実を認識していた疑いが強いが、国会でそれを認めたのは2001年になってからだ。ダイオキシン類による食中毒事件は世界的にも稀有で、多岐にわたる人体への影響は未解明の部分が多い。特にコーヒーを塗ったように黒ずんだ肌の「黒い赤ちゃん」が生まれるなど、2世・3世への健康被害の実態はほとんどわかっておらず、その総数すら国は「把握していない」。

実態解明と被害者救済が遅々として進まなかった大きな要因の1つが仮払金問題だ。被害者は国やPCBを製造した鐘淵化学工業（現カネカ）、カネミ倉庫を相手取り損害賠償請求訴訟を相次いで起こし1984年3月に1陣の二審判決で国の責任が初認定されたものの、86年5月の2陣二審判決では一転してカネミ以外の責任を否定。被害者側は翌87年、最高裁の勧告に従い鐘淵化学と和解、国への訴えも取り下げたが、ここで国の取った非情な行動が被害者をさらに苦境に立たせた。

訴訟取り下げから10年後、国は突如それまでの敗訴時に支払った賠償仮払金約27億円の返還を原告に要求。しかしすでに医療費や生活費として使っていた原告が多く、返還に行き詰まり自殺者も出た。2007年に仮払金免除の特例法が国会で成立するまで、この問題が重い枷となり油症被害者は声を上げる術も公的救済もないまま困窮する、生殺しのような10年間を強いられた。

ようやく油症被害者救済法が成立し、認定基準が一部拡大されたのは発生から44年後の12年。しかし裁判で責任が認められなかった国の対応はなお鈍く、九州大学の医師らによる研究団体「全国油症治療研究班」に被害調査や認定を一任し自らが前面に出ることはない。研究班がダイオキシンの血中濃度などで「総合的」に判断する認定の壁も極めて高く、17年度の認定者はわずか15人。しかも新たに認定されるためには油症検診を受ける必要があるが、会場は全国で12地区のみで実施は年に1回。出張検診はなく、遠出が難しい重症の未認定者ほど検診が受けられないとの被害者団体の批判は絶えないが、検診はあくまで認定者の健康状態把握による治療法研究が目的で、未認定者のためではないというのが厚生労働省の見解だ。

そして、たとえ患者認定されてもカネミ倉庫が医療費負担と年5万円、国が年19万円を支給するだけ。カネミは本来、被害者に支払うはずの和解金500万円も経営難を理由に凍結したままで、4大公害病はもちろん、同じ大規模食品公害である1955年の「森永ヒ素ミルク事件」と比較しても補償の貧弱さは目を覆うばかりだ。

被害者側が今、カネミに求めているのは入院時の食費支給。カネミ油症被害者支援センターの伊勢一郎事務局長は筆者の取材に「カネミは初め支払っていたが、入院中の食費の一部が健康保険適用外とされたのに乗じて負担しなくなった」。根本的な治療法もなく子や孫の世代まで被害が忍び寄る中、救済と呼ぶにはあまりに乏しい劣悪な環境に被害者は置き去りにされている。

食中毒では通常、食品衛生法に基づき原因食品を食べて健康被害が出れば自動的に患者認定され、都道府県に調査が義務づけられるがカネミ油症はその対象に含まれず、水俣病の認定根拠となる公害健康被害補償法の枠からも外れている。国が発生当初、原因食品の回収命令を出さず油症を拡大させたうえ、被害者の把握を油症研究班に丸投げしたため法的根拠が曖昧な認定制度を生んだツケが半世紀後の今も重くのしかかっている形だ。伊勢事務局長は「法の狭間（に置かれた状況）だ」と指摘する。

「平成の事件は平成のうちに」。オウム真理教事件の死刑執行を急いだ理由として政府内から異口同音に聞こえてくる大義名分だが、高度成長期の日本で起きた国内最大の食品公害は未だ何の解決もみていない。ここでは昭和がまだ終わっていない。

＊　＊　＊　＊　＊　＊

2012年からの8年間で油症検診を受けた未認定者の認定率は5％に満たない。20年12月、油症被害者の支援団体は未認定の2世ら50人弱の調査結果を公表、急性白血病や骨の異常など多くの健康被害が改めて浮かび上がった。

国は科学的根拠が不十分として1969年以降に生まれた2世の認定を拒み続けてきたが、この調査結果を受けて厚労省は患者の子や孫の世代を対象とした初の全国規模の健康実態調査を行なう方針を示した。ようやく重い腰を上げた形だが、これを機に実態と乖離した認定基準を抜本的に改めるべきだ。

「王国」の残響　オウム元在家信者の取材ノートから（2019年1月号）

「困ります。顔も名前も絶対に出さないでください」。懇願するような表情を今も思い出す。東京近郊の小さなアパートに、一雄（仮名）を訪ねたのは10年以上も前。2004年2月にオウム真理教の教祖・麻原彰晃（本名・松本智津夫）が東京地裁で死刑判決を受けてから、幾ばくも経っていないころだった。当時30代半ばでフリーランスのグラフィックデザイナーだった一雄はオウムの元在家信者。幾度か交渉を重ね、本人を特定する情報を伏せることで取材を許された。几帳面な性格を物語るように、一人暮らしの自宅件仕事場は隅々まで整頓されていた。

後世の人々が「平成」を顧みたとき、オウムをめぐる一連の犯罪は時代を画する事件として指を折られることは疑いがない。麻原ら13人の全死刑囚の刑が執行され改元を目前にした年の暮れに、あのときの取材ノートをもう一度開いてみる。

教育熱心な両親の元で育ち高校卒業後、東日本の地方都市から都内の私大へ進学した一雄がオウムの道場へ出入りするようになったのは1980年代末。世間はバブル景気の絶頂期だったが

「何だか浮ついたような街の空気も、口を開けば遊びの話ばかりの大学の友人にも馴染めませんでした。そんなとき、大学帰りに目にしたヨガ教室のチラシが教団との出会いでした」。

ヨガ教室が、実はオウムの道場である事実を知るのに時間はかからなかったが不思議と違和感はなかったという。「もともと、死んだらどうなるんだろうとか、精神世界に興味があったから抵抗はありませんでした。それより知り合った信者さんたちが、みんな本当に優しくて。親にも大学の友人にも言えない将来への不安も、ここでなら打ち明けることができました」。同じころ、オウムは坂本堤弁護士一家殺害事件に手を染め急速に教団の性質を変貌させていったのだが、「穏やかな温室のような」道場に居場所を見つけた一雄は入信を決意した。

オウムでの修行に一層のめり込むのは大卒後に入社した中堅出版社で人間関係に悩み、2年余りで退職してから。バブル崩壊と重なり再就職も見通せず「アルバイトを掛け持ちするギリギリの生活」の中、唯一の「自分を取り戻す」場がオウムの道場だった。17年間の逃亡の末、オウム最後の特別手配犯として逮捕され今も麻原を「グル」と呼ぶ高橋克也が、公判で入信動機を「勤めていた会社を辞めた後、生き方の根底に迷いが生じた」と語ったことと通底する。出家に至らなかったのは「何度も誘われ真剣に考えたけど結局踏み切れなかった。『決断できない弱い男』と書いてもらってかまいません」と一雄は自らを卑下し、静かに付け加えた。「でも、出家していたら僕の人生は変わっていたんでしょうね」。

自身が信じた教団が多くの人の命を奪い、人生を狂わせたことをどう思うかと筆者は問うた。

一雄はしばらくの沈黙の後「それは本当に申し訳ないと思います」と絞り出すように言い、こう続けた。「ただ、自分には教団と事件がどうしても結びつかない。虫一匹殺すなと教えられていましたから。道場は、自分には何物にも代え難い場所でした。だからこそ、なぜあんなことになってしまったのか本当に知りたいんです」。言葉に嘘や開き直りは感じられなかった。

「オウム、グル、シヴァ大神に帰依し奉ります」。こう唱え床に体を投げ出し這わせる。オウムの修行で一雄が「最も精神統一できる」と語る「立位礼拝」。筆者の求めに応じ一雄は目の前でやってみせてくれた。教団から離れた後も「気持ちを落ち着けたいとき、やってしまうんです」とも。

麻原への東京地裁の死刑判決は「自分が神仏にも等しい絶対的な存在」と思い込み「救済の名のもとに日本国を支配し、自らその王になることを空想」した末の犯罪と指弾した。膨大な数の被害者や遺族の体と心に残した傷は今なお深く、賠償も進んでいない。

一方で最盛期、オウムの在家信者は1万人を数えた。「一般人であるはずがない」。2017年、共謀罪をめぐる国会審議で首相の安倍晋三はこう切り捨てた。オウムが犯罪集団に一変した段階で、構成員も市民社会の一員とは認め難いとの論法だ。しかし「グル」と呼ばれた男が空想した「王国」の最末端には、痛々しいほど生真面目で厳しい競争社会を生き抜くにはあまりにも傷つきやすい一雄のような若者が多くいたはずだ。彼らはその後、どんな人生を送ったのだろう。

「オウム、グル、シヴァ大神に帰依し奉ります……」。罪深い王国の残響音が耳の奥で鳴り続ける。

一雄の突然の訃報に接したのは、取材の３年後だった。郷里に戻ったと人づてに聞いていたが、末期がんで判明したときには手の施しようがなかったという。06年の麻原の死刑確定を機に事件の風化が進み、取材結果も日の目を見なかった。やや色褪せた取材ノートだけが残った。

13人の死刑執行命令書にサインした法相（当時）の上川陽子はオウムの全裁判記録を永久保存する方針を示したが、一雄のような末端信者の思いは何の形にも残らず時とともに埋もれていくだろう。しかしかつての惨劇を知らない世代も増えた今、オウム後継団体への入信者は毎年１００人を上回るとされる。一般人でないと退けることはたやすいが、そこにはかつての一雄がいるのかもしれない。（敬称略）

＊　＊　＊　＊　＊　＊　＊

地下鉄サリン事件で被害に遭い重い後遺症と闘ってきた浅川幸子さんが20年3月10日、亡くなった（享年56）。全身に麻痺が残り寝たきりとなったが、家族の介護を受けつつ実名を公表し事件の風化に抗った後半生だった。

公安調査庁は同年10月26日、団体規制法に基づき21年1月末で期限を迎えるオウム真理教後継3団体への観察処分の更新を請求した。国内の施設数は31カ所、信者数は約１６５０人。拠点施設周辺地域では住民の反対運動の一方、運動が目立てばマンションなどが売れなくなるとの声もあるという。地下鉄サリン事件と麻原逮捕から四半世紀、一連のオウムの犯罪を生んだ社会の病理への総括を怠ったまま景色は移り変わってゆく。

遠い時計台放送

安田講堂〝落城〟50年・変わる大学

（2019年2月号）

「連帯を求めて孤立を恐れず、力及ばずして倒れることは辞さないが、力尽くさずして挫けることを拒否する」。東大全共闘が「解放講堂」と呼んだ安田講堂に残された詠み人知らずのこの落書きは、あの時代の学生運動を象徴するフレーズとして今も記憶される。

友よ、夜明け前の闇の中で、闘いの炎を燃やせ、夜明けは近い。当時、盛んに歌われた岡林信康『友よ』の一節だ。いささかセンチメンタルな、こんな歌詞もある。友よ、君の涙、君の汗がむくわれるその日が来る——。各地の大学がバリケードで封鎖され火炎瓶が嵐のように飛んだ時代は遠い過去のものとなったが、あのとき流された涙や汗は報われたのだろうか。1969年1月19日の安田講堂「落城」から間もなく50年。ゲバ棒もタテカン（立て看板）も消えて久しい大学は今、特にその入口と出口で大きく変貌しようとしている。

現在の高校1年生が受験する2021年4月入学者の選抜試験から、大学入試は激変する。現在のセンター試験から「大学入学共通テスト」に変更。最大の変化は英語に民間のスピーキングテストが導入されることだ。8種類の民間試験の中から事前に選択して高校3年の4～12月に2度受験。多くの国公立大学の場合、さらに翌年1月にもセンター試験後継の英語試験を受けなければならない。まさに〝英語漬け〟だ。

8種類の民間試験はビジネスに使える英語力を測定するもの、英語圏への留学や移住に必要な語学力を測るもの、北米の大学・大学院への留学に際し勉学・研究に支障がないかを判断するものなど、目的も求めるレベルもバラバラ。もちろん日本の高校の学習指導要領など全く反映されていない。異なる民間試験の結果比較には「CEFR（欧州言語共通参照枠）」を使うが、評価基準が粗く正確性には多くの教育関係者から疑義の声がある。

また実際の受験機会は2度だが、試験慣れや受験生が自分に見合う試験を見極めるための事前受験に制限はない。しかし8種類全てが全都道府県で実施されるわけではなく、東北や四国といったブロック毎にしか行なわれない試験もあり、その気になれば十分な事前準備が可能な大都市部と、その機会確保さえ容易ではない地方の高校生の間で著しい不公平感が生まれかねない。中には1回の受験料が2万円以上必要な試験もある。家庭の経済状況でも大きな差がつく恐れがあり、東北大は「受験生の公平公正を損ねる」と不使用を決めた。

これほど問題の多い民間英語試験を2年後には実施しようというのだが、決定の背後には文部科学省の「英語教育の在り方に関する有識者会議」の強い意向があったとされ、その議事録を見ればメンバーである楽天の三木谷浩史社長が議論をリードした形跡が窺える。楽天は民間試験の導入決定直後に英語教育事業を立ち上げている。

大学の入り口の変化が入試改革なら、出口は就職協定の撤廃論議だろう。長年、形を変えつつ維持されてきた協定を18年秋、経団連トップが「極めて違和感がある」と廃止を明言。政府主導で当面、維持されることとなったものの、大学3年次の「インターンシップ」などすでに骨抜きになっていた協定はさらに形骸化が進むとする見方は強い。近い将来、協定が完全に無くなれば、大学入学のその日から就職活動開始ともなりかねない。ここでも経済界の思惑に翻弄される大学生活の姿がある。

ファーストリテイリング会長兼社長の柳井正氏が日本経済新聞紙上で「大学を変えねば日本は沈む」と、経済界の意に沿う大学改革をぶち上げたのは13年1月。国は昨年公表した「統合イノベーション戦略」で、大学改革へは民間資金が必要とし、研究への企業の投資額を25年度までに14年の3倍にする方針を示す。国立大への運営費交付金が10年間で1割削減されるなど基礎研究費不足に悩む最高学府への、札束をぶら下げた「アップデート」（柳井氏）の圧力は強まる一方だ。

もちろん変わっているのは制度ばかりではない。学生気質も大きく変貌している。都内の私立大で経済学を教える男性講師は、こう嘆息する。「子どものころから空気を読むことばかりに慣れてきたせいか、今の学生は時の政権を批判するのは、とんでもない害悪と思い込んでいるフシがある。つい先日も授業でアベノミクスを疑問視したら、ある学生が真顔で『先生は〝反日〟なんですか』って聞いてくるんだ。もう開いた口が塞がらなかったよ」。

思えば全共闘運動をリードした東大闘争は医学部での登録医制とインターン制への反対が、日大闘争は30億円ともいわれた使途不明金問題をきっかけに根本的な大学民主化を求めたものだった。半世紀後の18年、多くの医学部入試で不当な差別が発覚、日大も「悪質タックル問題」をきっかけにその体質が厳しく問われたが、肝心の学生たちから一向に声が上がらないのが歯がゆい。時代が違うと言えばそれまでだが。

「我々の闘いは決して終わったのではなく、我々に代わって闘う同志の諸君が再び解放講堂から時計台放送を再開する日まで、一時この放送を中止します」。安田講堂の落城直前、哀感に満ちたメッセージが発せられてから50年。再開の日は未だ遠い。

＊　＊　＊　＊　＊　＊　＊

国が20年度入試から導入予定だった英語の民間試験には批判が噴出、一転して見送りとなった。当然すぎる措置だが、国は24年度からの導入を諦めていない。

受験生が目指す全国の大学に20年春、新入生の姿はなかった。新型コロナ禍で入学式はおろか、前期の講義のほぼ全てがオンラインになったためだ。元全共闘の70代の男性は「キャンパスからこんなに学生の姿が消えたのは俺たちのころ以来じゃないか」と独りごちたが、彼らが頼みとしたゲバ棒と火炎瓶の代わりに21世紀生まれの若者たちはスマホを握りしめ、かつてキャンパスを埋め尽くしていたタテ看に代わりＳＮＳが情報発信の場となっている。

忘れられ続ける皇軍　日韓対立の源流

（2019年5月号）

日本と韓国の関係が泥沼の袋小路に迷っている。日本企業に対する元徴用工らへの損害賠償判決、慰安婦合意に基づく財団の解散、海上自衛隊哨戒機への火気管制レーダー照射問題など、どれひとつとして解決の糸口すら見えない。

中でも両国間に巨大な壁となり立ち塞がっているのが1965年締結の「日韓請求権協定」だ。日本政府は徴用工も慰安婦も請求権協定で「完全かつ最終的に解決済み」の立場だが、同協定が1910年の「日韓併合」に始まる侵略と植民地支配の総括を棚上げして結ばれた事実が日本ではほとんど顧みられていない。

51年の予備交渉開始当初から、韓国の補償要求に対し日本側は植民地支配を「適法かつ正当だった」とする前提を譲らず「（韓国が）賠償を要求するなら日本は、その間、韓人に与えた恩恵、すなわち治山、治水、電気、鉄道、港湾施設に対して、その返還を要求するだろう」（53年の第3次日韓会談での日本側首席代表発言）とまで主張、交渉は長期にわたり膠着。60年7月、日本の外務省主導で請求権問題を過去の償いではなく「韓国の将来の経済及び社会福祉に寄与するという趣旨」の「経済協力」により処理する案を捻り出し、日本政府の5億ドルの資金供与の名目も、請求権なのか経済協力なのか玉虫色で決着した歴史がある。

当時、韓国は朴正熙の軍事独裁政権の時代。日本の戦争責任や個人請求権を曖昧にした合意への反発を軍隊と戒厳令で鎮圧して結ばれたのが請求権協定だった。しかも歴代自民党政権は、同協定を含む「日韓条約」について「外交保護権を相互に放棄したのであって個人の請求権を消滅させたものではない」（91年の外務省条約局長答弁）と一貫して主張してきたのみならず、広島・長崎の被爆者やシベリア抑留被害者、朝鮮半島に残された植民地支配下の日本人財産などの補償要求が日本政府に向かわぬよう、個人請求権は消えていないので政府は補償責任を負わぬとの姿勢を取り続けてきた。そうした経過など一切無かったかのように「解決済み」と強弁するのは、いくら何でもひどい忘れすぎというものだ。

「眼なし、手足なし、職なし、補償なし」。墨字で黒々とこう書かれた横断幕を掲げ国会議事堂の足元を往く白装束の一団は、まるで幽鬼の群れの如くだ。

日韓請求権協定締結の2年前、故大島渚が監督したテレビ史に残るドキュメンタリー『忘れられた皇軍』。大島が描くのは「元日本軍在日韓国人傷痍軍人会」の12人だ。強制動員され日本の軍人として先の大戦に従軍し、戦場で手や足や視力を失ったのに54年のサンフランシスコ講和条約（サ条約）で日本国籍を喪失した彼らは軍人恩給の対象外とされた。日本政府からは、お前たちは韓国人だから韓国政府に陳情しろと門前払いされ、韓国政府には日本のために被った傷は日本政府に要求せよと退けられる。行き場を失い街頭に出て直接、募金を訴える彼らに、〝傷痍軍人〟の言葉も遠くなった高度成長下の日本人が投げる冷ややかな視線を大島のフィルムは捉えている。

日本の戦争責任を問われた朝鮮半島出身者もいる。戦後、連合国軍の軍事裁判で裁かれたＢＣ級戦犯５７００人のうち朝鮮人は１４８人、うち23人が死刑執行された。サ条約発効後も、刑を受けた時点では日本人だったとの理由で収容が続いた半島出身者も少なくない。現在93歳の李鶴《イハン》来《ネ》さんもその一人。56年に釈放されたものの、同じ元戦犯でも日本人には恩給などの措置があったが、李さんら旧植民地出身者は日本国籍がないことを理由に何の補償もなく社会に放り出された。戦犯となったショックで統合失調症を発症、生涯を日本の精神病棟で終えた仲間もいる。

李さんらは半世紀にわたり謝罪と名誉回復、賠償を求める運動を続け91年には日本政府を提訴、最高裁まで争ったが「立法府の判断に委ねられるべき」として請求棄却。その立法府も李さんらの度重なる要請にもかかわらず、近年の日韓関係悪化を盾に未だ法案提出にも至っていない。

「都合の良い時は日本人、都合の悪い時は朝鮮人である」——。李さんの戦犯時代の獄中手記に残る一文だ。旧植民地出身者は日本人として日本軍のために働き、ある人は身体に生涯残る傷を負い、ある人は日本の戦争責任まで負わされたのに、戦後の日本人は何の意思表示もせず見て見ぬふりを続け、平成の終焉を迎えても状況は大島が見つめた時代から何ひとつ前進していない。

あえて記せば、彼らは今なお「忘れられ」続けている。

現在、日本に暮らす朝鮮半島出身の元BC級戦犯は3人。全員90代で、活動可能なのは李さんだけだ。『忘れられた皇軍』のラストシーンで叫ぶように発せられる問いかけを、ここに改めて記さずにはいられない。「日本人よ、私たちよ、これでいいのだろうか。これでいいのだろうか」。

＊　＊　＊　＊　＊　＊　＊

戦時中の徴用工をめぐり韓国大法院が日本企業に賠償を命じる判決が確定してから2年余。文在寅大統領は「望ましくない」(2021年1月18日の会見)とするが、司法が差し押さえた日本企業の資産は、裁判所からいつ売却命令が出されてもおかしくない状況だ。韓国政府が認定する強制動員の被害者は22万人を上回り、同様の賠償請求が相次ぐ可能性もある。

1965年の日韓請求権協定で解決済みの一点張りの日本政府は、韓国政府が水面下で「企業が賠償に応じれば後に韓国政府が全額穴埋めする」と持ち掛けても応じなかったという。決定的な対立も辞さぬ強硬姿勢にしかし、後ろめたさが付きまとうのは、李鶴来さんらの訴えを置き去りにし続けてきた戦後史があるからだ。植民地出身の「日本人」の韓国・朝鮮籍を本人の意思と無関係に奪い、戦後はやはり有無を言わさず日本国籍を剥奪し何らの援護も行なわなかった日本政府が、徴用工問題では一転「日本が受け入れ可能な解決策を示せ」と迫るのは著しく説得力を欠く。何よりもまず75年間、支援の手を待ち続けた李さんに受け入れ可能な解決策を提示するべきだ。

あまりに文学的な……　天皇代替わりと戦争（2019年9月号）

改元から3カ月余り。「ありがとう平成」だの「新しい時代の幕開け」だのと脳天気な令和フィーバーは一体何だったのだろう。あの日、皇居前広場に集まって日の丸の小旗を振りながら改元10秒前からカウントダウンを刻み、その瞬間に「万歳」の歓声を上げた人々に尋ねてみたい。元号が変わっただけで「本当に新しい時代は始まったのですか?」と。

今回の改元と天皇代替わりについて特記しなければならないのは、一連の儀式が戦前の旧皇室典範、中でも1909年に制定され、戦後の現憲法施行に伴って廃止されたはずの法令「登極令《とうきょくれい》」に基づいて行なわれているという事実だ。30年前の昭和天皇死去の際、即位礼に関する定めがどこにもなく、天皇の重篤を理由に昭和への代替わりを踏襲したが、生前退位の今回は十分すぎるほど時間があったのに、安倍政権は早々に前例踏襲を打ち出し議論を封印した。

即ち2019年11月まで30以上も続く代替わりの儀式は「大日本帝国ハ万世一系ノ天皇之ヲ統治ス」（大日本帝国憲法第1条）の時代のものである。10月22日に外国元首らを前に即位を宣言する「即位礼正殿の儀」では、新天皇は天孫降臨神話に由来する玉座「高御座」から「お言葉」を述べる。大正や昭和への代替わりのように、安倍首相はこれを仰ぎ見る形こそ取らないものの、神話で伝わる剣や勾玉が置かれた高御座で古式装束を着た新天皇を前に万歳三唱を行なう。憲法の政教分離への抵触は明々白々だが、メディアも含めて議論は皆無に等しい。

しかし多くの日本人が祝賀ムードの中で見て見ぬふりをしていても、そこにあるのは常套句の「国民とともに歩む皇室」などとは似ても似つかぬ「天皇ハ神聖ニシテ侵スベカラズ」(同第3条)の異形の世界観である。

今回の代替わりで前回と最も異なっているのは、昭和天皇の戦争責任が全く語られないことだ。戦後初めて戦争を経験していない天皇の登場であり、皇室と戦争の関わりを改めて検証すべき機会のはずだが、あたかもそんな歴史など存在しなかったかのような徹底した無視は異様だ。

言わずもがなの、しかし現代の日本では不思議なほど顧みられない事実をまず書いておけば、戦前の日本人が「一旦緩急アレバ義勇公ニ奉ジ」(「教育勅語」)、「死は鴻毛より軽しと覚悟」(「軍人勅諭」)して「生キテ虜囚ノ辱メヲ受ケズ」(「戦陣訓」)を受け入れたのは、ひとえに天皇が「神聖」だったからこそである。敗戦後、昭和天皇がマッカーサーに「私が反対したら新しい天皇が擁立されたに違いない。あのとき、どんな天皇であっても国民の意に背いて開戦に反対できなかっただろう」などと語ったのは、統帥権(軍隊を動かす権力)を唯一有し「上官の命令は朕の命令」(「軍人勅諭」)だった戦前の天皇制の本質を覆い隠す方便にほかならないが、天皇は1969年にも「若い頃ヨーロッパを見て戦争はするもんじゃないと考えていたので、開戦の時からいつやめるか、いつやめるかと、やめる時期をいつも考えていた」と自己弁護を重ねている。

事実、昭和天皇が戦端の拡大に正面から「反対」したことなど一度もない。31年の満州事変では「皇軍ノ威武ヲ中外ニ宣揚セリ朕深ク其忠烈ヲ嘉ス」と関東軍の軍事行動を絶賛。37年に始まった日中戦争で時の近衛文麿内閣が「蒋介石を相手とせず」の声明を発して和平への扉を閉ざした際も、真珠湾攻撃の1週間前に対米英との開戦を最終決定する御前会議においても何の異も唱えていない。それどころか日米開戦の前年、明らかな侵略である日本軍の仏領インドシナ進駐について「国際信義上どうかと思うが、まあよい」と易々と容認したばかりか、参謀総長に「仏（領）だけでよろしいか」とさらに催促した事実が記録に残る。

日本の敗色が濃厚になっても、昭和天皇は戦争に未練たっぷりだった。44年6月のマリアナ沖海戦を前に「（日露戦争の）日本海戦の如き立派なる戦果を」と軍に奮起を促し、翌月のサイパン玉砕を受けて東条英機から首相を引き継ぐ小磯国昭・陸軍大臣に「大東亜戦争の目的完遂に努むべし」とあくまで戦争続行を求めている。そして45年6月、沖縄戦で第32軍を率いた牛島満司令官から壮烈な訣別電報を受けても「しかし最後の段階まで立派にやって国軍のためになるように」と冷然と言ってのけた。戦後、米国の長期軍事占領を望んだ「沖縄メッセージ」にも通じる捨て石の発想だ。

広島・長崎の原爆投下を経て、ようやく戦争は終わった。敗戦の30年後、昭和天皇が原爆について記者に問われ「戦争中であることですから、広島市民には気の毒であるが、やむを得ないこと」と正当化してみせたことも、現代では都合良く忘れ去られている。

原爆投下を質された75年の記者会見では、自らの戦争責任についての質問も出た。昭和天皇は、こう答えている。「そういう言葉のアヤについては、私はそういう文学方面はあまり研究もしていないので、よくわかりません」――。あらゆる意味で驚愕の一語に尽きるが、被害・加害の別を問わず戦争の記憶の濃度が病的なまでに薄くなった令和の日本人も案外、同じ言葉を吐くのかもしれない。日の丸の小旗を振りながら。

＊　＊　＊　＊　＊　＊　＊

2019年8月、宮内庁の田島道治・初代長官が残した昭和天皇との会話記録『拝謁記』が明らかになった。1952年5月の独立回復式典の際、昭和天皇が戦争への強い反省の思いを表明する意向だったとされたが、そのことを過分に評価することには危うさを感じる。

既存資料や先行研究から、昭和天皇が日中・太平洋両戦争の開戦阻止や早期終結に一貫して消極的だったことは自明だ。『拝謁記』にも終戦に関して「私ハ実ハ無条件降伏は矢張りいやで、（中略）それには一寸《ちょっと》こちらが勝つたような時ニ其《その》時を見付けたいといふ念もあった」と、いわゆる「近衛上奏文」を「もう一度戦果を挙げてから」と退けたのと同様の言説もある。その〝聖断〟の遅れが東京大空襲や沖縄戦、原爆投下などの悲劇を招いた悔恨は感じられない。

闇未だ深く 「三鷹事件」70年後の再審棄却（2019年10月号）

願いは届かなかった。闇は晴れなかった。

敗戦の4年後、GHQの占領下で起きた「三鷹事件」。ただ一人有罪となり無実を訴えながら獄死した竹内景助・元死刑囚の長男が申し立てた第2次再審請求（死後再審）について、東京高裁（後藤真理子裁判長）は2019年7月31日、「確定判決に合理的な疑いはない」と退けた。

1949年7月15日の夜、国鉄（当時）の東京・三鷹駅構内で7両編成の無人電車が突如動き出し暴走、脱線転覆して6人が死亡した謎だらけの事件は、相前後して起きた下山・松川両事件とともに「国鉄3大ミステリー」とされる。

逮捕された国労組合員ら10人が「共同謀議に基づく共同犯行」だとして起訴されたが東京地裁は50年8月、「共同謀議は空中楼閣」と指弾し9人に無罪、「単独犯行」として竹内に無期懲役を言い渡した。51年3月、東京高裁は事実調べを行なわず9人を再び無罪とする一方、竹内に逆転死刑判決。竹内は否認に転じるが最高裁大法廷は55年6月、一度も口頭弁論を開かぬまま上告棄却、死刑が確定した。15人の裁判官の評決で8対7、わずか1票差で竹内の生死が色分けされた。

翌56年に竹内が獄中から起こした再審請求は大きな反響を呼び、再審を求める署名は政治家や文化人も含め80万人を超えた。66年夏には東京高裁が本人からの意見聴取を決めるなど再審開始が現実味を帯び始めた矢先の67年1月、竹内は脳腫瘍で獄死（享年45）。本人死亡で再審手続きは打ち切られ、事件の真相は闇に消えた。

事件の直接証拠は竹内の自白のみだが、逮捕当初の否認から単独犯行、共同犯行、再び単独犯行に転じたかと思えば否認するなど目まぐるしく変転。それを補強してきたのが事件直後、三鷹駅正門近くで竹内を見たとする唯一の目撃証言だ。しかし1次請求審では目撃証人が知人に「『正門前で竹内と会った』と警察に言わされた」と明かした聴取書の存在が判明している。さらに2次請求審で弁護団は事件当夜、同時刻に月は出ておらず現場は暗かったとする国立天文台のデータに加え、戦後間もない当時の屋外電灯の明るさで人物の顔の識別は困難とする再現実験結果を提出。しかも後に検察側が開示した証拠から〝目撃現場〟は弁護団が想定した以上に暗かった事実も明らかになったが、後藤裁判長は「（再現実験は）独自の前提で実施され採用し難い」と退けた。

2次請求審には事故車両のパンタグラフに関する新証拠も出された。発生直後の現場写真を見ると、事故車両の1両目と2両目のパンタグラフは上がっている。一方、確定判決は竹内の自白を基に1両目の運転台を操作して無人電車を暴走させたと認定しているが、鉄道工学者の曽根悟・東京大学名誉教授の鑑定書は、1両目の運転台の操作で可能なのは1両目のみか、全車両分のパンタグラフを上げるかのいずれかであり、事故車両のように1両目と2両目だけを選んで上げることは不可能だと指摘。竹内の単独犯行に疑念を呈した。

検察は暴走時に上がっていたのは1両目のパンタグラフのみで、2両目は衝突時に跳ね上がったと主張。曽根名誉教授はパンタグラフの変形具合から下がっている状態での衝突は考えられないと分析したが、後藤裁判長は根拠も示さず「事故の衝撃で上がった可能性がある」と切り捨てた。

それ以外にも確定判決が規定する無人電車の操作方法には謎が多い。運転台のコントローラーの鍵をどのように開け、ハンドルをどうやって固定したのか。竹内の自白通りのやり方で本当に電車を動かせるのか、捜査でも法廷でも満足な検証が行なわれた形跡はない。こうした数々の謎を置き去りにしたまま、後藤裁判長は「電車の発車方法に関する自白の根幹部分の信用性に重大な疑いは生じない」と断じた。２０１９年８月５日、弁護団は異議を申し立てた。

無人電車が暴走する事件そのものの特異さにも劣らず奇妙なのは、権力側の異常な反応の早さだ。当時の吉田茂首相は、事件翌日に「不安を煽る共産党」と、いかにも背後に左翼陣営や労働組合が存在するかのような声明文を発表。ＧＨＱの参謀部（Ｇ‐２）も同日「おそらく破壊活動が行なわれていた」と指摘する内部文書を作成するとともに、新聞各社に犯行手口を示した「無人電車運転台の写真」なるものを送り付け掲載を求めたとの、当時の報道関係者の手記もある。いずれも１９４９年8月末に竹内が犯行を自白する１カ月以上前の話だが、こうした動きが意味するものについて、過去の法廷では論点になっていない。

49年夏の3大事件は勃興していた左翼運動に冷や水を浴びせ、国鉄だけで9万5000人の大量解雇が強行されるなど、翌年の朝鮮戦争へ向け体制確立の重大な契機となった。その背後に目に見えぬ力は本当に存在しなかったのか、占領期の闇は70年後の今も晴れていない。（一部敬称略）

＊　＊　＊　＊　＊　＊　＊

変転の末に竹内単独犯の構図が形作られた背景には、東西冷戦の高まりも深い影を落とす。弁護団長を務めた布施辰治弁護士を祖父に持つ「三鷹事件再審を支援する会」世話人の大石進さんは2次再審申立時の集会で、全員無罪となった他の9人の元被告と、唯一の非共産党員だった竹内元死刑囚との弁護方針の違いを指摘した。「翌年、朝鮮戦争が始まる状況の中でどうしても無実を勝ち取らなければならないという思いで弁護された人たちと、そうでない竹内さんとでは弁護士の接触（の仕方）が全然違った。竹内さんはその呪縛から抜け出せず、自らの首を絞めるような形で1人だけが死刑判決を受けた経緯がある」。

竹内氏自身、死刑確定後に月刊誌に発表した手記で、接見した弁護士から「共産党員でない君が一人でやったと主張してくれれば、みんな助かる」「（共産革命が起き）人民政府ができれば君は同志を救った英雄として迎えられる」などとそそのかされ「完全に彼の暗示に踊らされ」たと告白している。獄死直前の最期の言葉は「悔しいよ」。その無念が晴れるのは、いつになるのだろうか。

出て来りゃ地獄へ逆落とし　古関裕而の軍歌を聴く（2020年9月号）

放送中のNHK朝ドラ『エール』の主人公は古関裕而《ゆうじ》（1909～89）。『長崎の鐘』『君の名は』『高原列車は行く』のような流行歌から『六甲おろし』『栄冠は君に輝く』などのスポーツのテーマ曲、さらに1964年東京五輪の行進曲も作った国民的作曲家だが、古関にはもうひとつ、忘れてはいけない顔がある。

1945年の日本の敗戦までに手掛けた軍歌・軍国歌謡は約150曲。31年の満州事変から日中戦争、そして太平洋戦争へと至る時代、古関は20～30代で新進気鋭の若手作曲家として最も脂がのっていたころでもある。国威発揚・戦意高揚を目的とした作品群を現在、耳にする機会はほとんどないが、かつて確かにレコードで、そしてラジオ放送で国中に流れたこれらの歌をただ封印することは、時代への真っ当な向き合い方ではないと筆者は考える。

戦後75年の夏、才気煥発な若手作曲家が残した軍歌・軍国歌謡を改めて聴いてみる。

古関裕而の軍歌といえば、まず何を置いてもこの3曲だろう。

♪勝って来るぞと勇ましく
誓って国を出たからは
手柄立てずに死なれよか
進軍ラッパ聞くたびに
瞼に浮かぶ旗の波

『露営の歌』(藪内喜一郎作詞、37年)。発表は日中戦争開戦の2カ月後。入隊経験もある昭和一桁世代の俳優、小沢昭一(1929~2012)が生前、自身のラジオ番組(93年1月放送、TBSラジオ『小沢昭一的こころ・正月気分は反戦気分』)で、同年発表の『愛国行進曲』とともに「当時歌われた頻度から2大戦時歌謡」と評した通り、この歌は国内のみならず大東亜共栄圏の掛け声のもと、海を越えアジア各国にも伝播していった。

20世紀の末年に筆者がインドネシアで出会った、幼き日に皇民化教育を受けたという高齢女性が唯一、記憶する日本の歌が露営の歌の5番だった。「トウヨウヘイワノタメナラバ、ナンノイノチガオシカロウ……」。女性が口ずさんだ歌詞を、先の番組で小沢もあえて2度歌い「侵略戦争でも必ず理由は平和のため、正義のため、やむにやまれず。そして死ぬことなどは何でもないと思わせようとする。軍国主義時代の歌は戦争の正体を教えてくれる」と語ったことも忘れ難い。

また敗戦18年後に大島渚（1932〜2013）が制作したドキュメンタリー『忘れられた皇軍』では戦後、一転して日本人に非ずとして一切の軍人恩給を日本政府から拒否された朝鮮半島出身の元日本兵たちが、補償を求めて国会デモを行なう映像のバックで露営の歌が流れ続ける。古関はこの番組を見ただろうか。

♪若い血潮の予科練の
七つ釦《ボタン》は桜に錨
きょうも飛ぶ飛ぶ　霞ヶ浦にゃ
でかい希望の雲が湧く

『若鷲の歌』（西條八十作詞、43年）。この歌で予科練（海軍飛行予科練習生）に憧れた多くの若者たちが、後に神風特攻隊となっていく。ちなみに大戦末期、古関は『嗚呼神風特別攻撃隊』（44年）という歌も手掛けている。

♪ましろき富士のけだかさを
こころの強い楯として
御国につくす女等《おみなら》は

かがやく御代の山ざくら
　地に咲き匂う国の花

『愛国の花』（福田正夫作詞、38年）。軍国歌謡というカテゴリーに置くことが惜しいほどの美しいメロディは本格的なワルツだが、「家をば子をば守りゆく　やさしい母やまた妻は　まごころ燃ゆる紅椿　うれしく匂う国の花」と〝銃後〟の女性たちを国家総動員体制の中に組み込む、PRソングの役割を果たしたことも否定できない。

ほかにも「ああ、あの顔で、あの声で……」の歌い出しが印象的な『暁に祈る』（40年）や「戦友別盃の歌」の大木惇夫作詞による格調高い『海を征く歌』（43年）など、読者もこの時代の軍歌を探すとあれも、これも古関裕而作曲か、と驚くはずだ。また『ラバウル海軍航空隊』（44年）や『南進男児の歌』（41年）などは思わず体が浮き立つような軽快なメロディで戦後、多くのスポーツマーチを手掛けることになる古関の才能が垣間見える。

時代を追って古関の軍歌をたどれば、単に戦意高揚にとどまらず具体的な戦況や、次第に敗色が濃厚になっていく日本の行く末も浮かび上がってくる。

♪滅びたり滅びたり　敵東洋艦隊は
　マレー半島クワンタン沖に

いまぞ沈みゆきぬ
勲し赫たり　海の荒鷲よ
沈むレパルス
沈むプリンス・オブ・ウェールズ

『英国東洋艦隊潰滅』（高橋掬太郎作詞、41年）。真珠湾攻撃の3日後、マレー沖海戦の戦果を大宣伝する熱に浮かされたような即席軍歌だが、沈む沈む……と連呼する敵艦上で多くの乗組員の命が失われた事実には当然ながら目が向いていない。

♪アメリカ本土爆撃
この日を待ちたる我等
祈りをあげながら聞け
鳴り出すサイレンを
あれはアメリカ弔う歌だ
わめき立つなもはや遅い
我等は荒鷲

『アメリカ爆撃』（野村俊夫作詞、42年）。日米開戦から約半年、日本が攻勢を強めていた中での珍作だ。古関の幼馴染の野村俊夫による容赦ない詞は薄ら寒いが、この歌が発売された翌月には戦局を一変させるミッドウェー海戦が始まり「アジアの敵アメリカ　悲鳴吐くまでやるぞ」の歌詞は見果てぬ夢に終わった。

♪夏雲白きベンガル湾
　岸辺に立ちて眺むれば
　飛ぶ「隼」の陰影《かげ》は無し
　ビルマの鬼とうたわれし
　軍神加藤は死したるか

『空の軍神』（西條八十作詞、42年）。陸軍の最新鋭機「隼」を駆って南方戦線で活躍した加藤建夫少将、戦死の追悼歌。陸軍葬まで行なわれ加藤は「軍神」と崇められたが、ミッドウェーの惨敗で守勢に転じた日本は以後、敗戦まで次々と軍神を生み出していく。

♪なびく黒髪きりりと結び
　今朝もほがらに朝露踏んで

行けば迎える友の歌
ああ愛国の陽は燃える
われら乙女の挺身隊

『輝く黒髪・女子挺身隊の歌』（西條八十作詞、44年）。戦局悪化と男子の徴兵で労働力が逼迫、44年8月に「女子挺身隊勤労令」が公布されたが、工場動員の過酷な日々は決して「ほがら」なものではあり得なかった。「可愛い工具に頰すり寄せて　花の命も姿もいらぬ　早く翼が送りたい」の詞が何とも痛々しい。

♪その日は来たれり
その日は遂に来た
傲慢無礼なる敵艦隊捕らえ
待ってたぞ　今日の日を
拳を振り　攻撃だ
台湾東沖　時十月十二日

『台湾沖の凱歌』（サトウハチロー作詞、44年）。敗色濃厚な44年10月、台湾東方沖で米機動部隊を攻撃し空母11隻などを轟撃沈——の大本営発表が突如伝えられ国民は熱狂。即座に古関作曲で弾むような歓呼の歌も作られたが、この「台湾沖航空戦」の大戦果が全て幻だった事実が明らかになるのは戦後になってからである。

そして冒頭の3曲に加え、戦争末期の古関の軍歌には決して忘れてはならない1曲がある。

♪決戦かがやく亜細亜の曙
命惜しまぬ若桜
いま咲き競う　フィリッピン
いざ来いニミッツ　マッカーサー
出て来りゃ地獄へ　逆落とし

『比島決戦の歌』（西條八十作詞、45年）。44年秋からのフィリピン戦を歌ったものだが、常軌を逸した歌詞はまさに大日本帝国、断末魔の絶叫である。先述の小沢昭一は「恥ずかしい歌」と吐き捨てるように語っている。

ちなみにこの歌に限っては、オリジナル音源が見つかっていないという。音楽評論家の八巻明彦は、戦後50年の95年に発売されたCD『軍歌戦時歌謡大全集（6）』（日本コロムビア）の解説文で、10年前の同様企画編纂の際も今回も「手を尽くして探したにもかかわらず、この音盤はついに姿を現すことはありませんでした。コロムビアもＮＨＫも終戦と同時に原盤やレコードを破棄したと言われています」と書いている。

歌詞に「興亡岐《わか》つ、この一戦」とある通り、フィリピン戦に敗れ日本の敗北はもはや決定的となり、小沢昭一曰く「こっちが地獄へ逆落としだった」。『比島決戦の歌』以後、敗戦まで新たな軍歌が作られた形跡はなく、結果として古関は日本軍歌の末期の水を取ったことになる。古関自身は戦後、この歌の放送も録音も生涯許可しなかったというが、ＮＨＫが戦時中の古関を描くのであれば、ファイナルソングたるこの歌は決して外せないはずである。

パリで活躍した西洋画家の藤田嗣治（１８８６〜１９６８）は戦時中、多くの戦争画を描いている。中でも北の島で全滅した守備隊を描いた『アッツ島玉砕』（43年）は、あまりにも有名だ。縦１９３センチ、横２５９センチの大画面に、死闘を繰り広げるおびただしい数の日本兵が折り重なるように描かれる。太平洋戦争末期の巡回展では絵の前に跪いて合掌し、賽銭を投じて拝む姿まで見られたと聞く。

しかしこの圧倒的な大作と相対するとき、その結末を知る現代の私たちは、そこに描かれる光景を尊い犠牲とも、聖なる戦いとも捉えることはできない。ただ、そこだけしんと時間が止まったように、しかし今なおどこか鈍い光を放つ研ぎ澄まされた作品群を、息を詰めて見つめるしかない。かつてこれらの戦争画が喝采とともに賞賛され、なお一層この国の人々を戦場へと駆り立てていった一時代が確かにあった事実を、ありのまま受け止めるしか術はない。

軍歌も同じである。闇雲に封印してしまえば、それらの歌が日本中とアジアの国々を席巻していた時代まで忘れられてしまう。古関裕而が前半生を生きたのも、そんな時代だった。そのたおやかな若き才能が、別の時代に発揮されていればと惜しむことは無理からぬ思いだとしても。（敬称略）

＊　＊　＊　＊　＊　＊　＊

監督した吉田照幸さんは「このドラマで最も描きたかった時代です」とツイートした。『エール』の第18週「戦場の歌」（２０２０年10月12～16日放送）。『比島決戦の歌』の扱いはわずかだったが、古関裕而（ドラマの役名は古山裕一）が音楽慰問したビルマ戦線、インパール作戦の凄惨な描写は大きな反響を呼んだ。

戦闘に巻き込まれ目の前で恩師を失った古山は、自分は戦場の現実を「何も知らなかった」と呻き、九死に一生の帰国後、妻に「音楽で人を戦争に駆り立てることが僕の役目か？　若い人の命を奪うことが僕の役目なのか？　僕は音楽が憎い」と軍歌を多く手掛けた自身の責任を吐露する場面は胸を打った。

慰問などで３度従軍した古関は、実際には戦場で恩師に再会したり実戦に巻き込まれた史実はないが戦後、インパールの現実を「泥濘と雨と悪疫。生命を保つさえ難しい兵隊に、進撃命令、侵攻作戦の地図上の参謀。すべては無謀、無駄な作戦であった」と書き残している。

箱　改正臓器移植法全面施行10年（2020年12月号）

9月27日、女優の竹内結子さんが亡くなった。享年40。自殺とみられるが、押しも押されもせぬトップ女優の彼女がなぜ自死を選んだのか、その最期には謎が多い。

どんな作品でも彼女が登場すると画面がぱっと華やぐ、稀有な存在感だった。近年の出演作で筆者が強烈に印象に残っているのは、2015年11月に放送された『世にも奇妙な物語』（フジテレビ系）の一篇「箱」（佐藤嗣麻子さん脚本）。ほぼ全編が闇の中に横たわる竹内さんの独り芝居だが、見事に演じ切った女優の力量に舌を巻くと同時に、込められた重い問いがいつまでも心に残る。そんな異色作だった。

「箱」は、こんな物語である。

竹内さん演じる吉野朔子は、職場の研究室で実験中に、何者かにバットで頭を殴られた。気が付くと辺りは真っ暗。ミニライトで照らすと、周囲は錆びた金属の壁ばかり。そこで初めて、彼女は自分が狭い箱のような空間に閉じ込められていることに気付く。一体ここはどこなのか。

天井を殴ってもびくともせず、腕にはムカデが這いまわり悲鳴を上げる朔子。足元にあるスマートフォンに気付き何とか引き寄せるが、ロックがかかっており仕方なく１１０番に電話した。置かれている状況や研究所の場所を懸命に説明するものの、応対した警察官はそれらしき箱は見当たらないという。

箱が移動している感覚に不安を覚えるうち、急に大音量でパイプオルガンが響いてくる。朔子は箱があるのはどこかの教会らしい、それを手掛かりに探してくれと頼む。しかし警察からは、スマホのＧＰＳの範囲内にある教会を探したが、そこにパイプオルガンはなく、これ以上やりようがないと事実上の捜索打ち切りを宣告された。絶望する朔子。

しかし何度か試すうちに、スマホのロックが解除できた。恋人に電話をし、一度はつながり「朔子？」と返事があったが後は留守番電話。電源は残りわずか、彼女は再度恋人の留守電に、最後になることを覚悟してメッセージを吹き込む。直後、バッテリーが切れて朔子は半狂乱状態に。

そのとき突然、強い光が差しこんで箱が開いた。そこは研究室。自分は閉鎖空間で脳内物質がどう変化するのかの実験をしていたのだった……と安堵するが、それは夢で、現実にはまだ狭い箱の中にいる朔子。再び錯乱し、天井を叩いて泣き叫ぶ。

ここで場面転換。酸素吸入器を付け、病院のベッドに横たわる朔子。傍らに母親と恋人が立ち尽くす。

朔子はくも膜下出血を発症していた。後頭部を殴られたような衝撃を感じるのは、脳幹出血の患者に多いのだという。腕を這っていたのはムカデではなく輸血用のカテーテル。箱が動いているように思えたのは朔子自身がストレッチャーで運ばれているのであり、パイプオルガンはMRI検査による爆音。恋人の声が聞こえたのは、病室に駆けつけた彼の呼びかけだった。

スマホのバッテリーが切れたときに彼女の反応が完全に消え、光が差して箱が開かれたように感じたのは医師がまぶたを開きペンライトで瞳孔を確認したのだ。植物状態になってしまった朔子の意識回復は絶望的と宣告する医師。泣き崩れる母親と恋人。箱に閉じ込められたまま、泣き叫びながら朔子の意識は闇に沈んでいく……。

救いのないラストだが、「箱」は意識を失った朔子自身の身体であり、回復する見込みのない脳死状態は心臓が動いている限り、暗闇の箱の中に閉じ込められ続ける、との解釈は極めて重い問いかけである。竹内さんがこんな形で生涯を閉じたことから今後「箱」が再放送されることは望み薄となってしまったが、彼女の卓越した演技力とともに作品の問題意識を忘れたくない。

脳死となった本人の意思が不明でも家族の同意で臓器移植を可能とする改正臓器移植法の全面施行から今年で10年。臓器提供数は昨年末現在で662件に上る（日本臓器移植ネットワーク調べ）。しかし当初からの多くの懸念は今も解消されていない。法改正後の7割近くが家族の承諾のみに基づく臓器移植だが、本人が脳死判定や移植を望んでいなかった可能性をどう排除できるのか。後から本人の拒否の意思を示す書面や周囲の証言が出てきた場合、誰がどう責任を負うのか。無論フィクションだが「箱」で朔子が当人の思いとは無関係に臓器まで取り出されるとしたら、物語はどんな結末を迎えてしまうのか。

また閉ざされた手術室で行なわれる脳死判定や移植の手順の正当性を、専門性や個人情報の高いハードルを超えてどのように検証するのかという問題や、ややもすれば臓器移植に前のめりになる医療現場で、脳死状態を防ぐ万全の救命措置がどう担保されているのかも問われる。

脳死状態になっても大人に比べて蘇生確率が高い15歳未満の場合、越えなければならない壁はさらに多い。新生児を含む子どもの脳には医学的に未解明の点も多く、その象徴が脳死状態になっても1カ月以上心臓が動き続ける「長期脳死児」の存在だ。国内外で多数の事例が報告されており、米国では4歳で脳死と判定された男児が成長を続け21年間生存したケースさえある。

そもそも脳死は本当に人の死なのか。稀代の女優が遺した深淵な問いである。

＊　＊　＊　＊　＊　＊　＊

日本の脳死・臓器移植を考えるとき、やはり第1号となった1968年のいわゆる「和田移植」に立ち返らざるを得ない。果たして正当な医療行為だったのかという幾つもの疑惑が付きまとい、黎明期の闇を未だ晴らせていない事実は日本の医療全体にとって極めて不幸なことだ。医療界は改めて和田移植を厳しく検証する必要があるのではないか。

20年11月12日、筑波大学付属病院に入院中の6歳未満の女児が脳死判定され臓器提供された。6歳未満の脳死移植は18例目。臓器提供は家族の意思だという。

時の裂け目　確証なき「特定失踪者」の歳月

（2021年1月号）

2020年10月24日、北朝鮮に拉致された横田めぐみさんの父親で、6月に死去した滋さんを追悼する「お別れの会」。菅首相は「全ての拉致被害者の1日も早い帰国へ全力を尽くす」と型通りの挨拶をしたが、「全ての被害者」の中に、この人たちは含まれているのだろうか。拉致との確証も、拉致ではないとの確証も未だ得られていない「特定失踪者」である。その数875人。

「ケーキ食べに行かない？」。神戸・六甲山の麓にある神戸松蔭女子学院大学の正門。同じゼミの親友を誘ったこの一言が、4年生の秋田美輪さん（不明当時21）が最後に目撃された姿となった。日航ジャンボ機墜落事故や豊田商事事件が起き、阪神タイガースが初の日本一となった1985年、12月4日の午後だった。

その日の夜8時ごろ、美輪さんは「遅くなってごめんね」と母親に電話をかけ、ケーキに誘った女友達の家に泊まると告げた。初の外泊だったというが、それは偽りで彼女は親友宅を訪れていない。では、どこからかけてきた電話だったのか。誰かが一緒にいたのか。そしてこれ以後、美輪さんの声を聞いた人はいない。

翌朝、日本海に面した兵庫県豊岡市の弁天浜海岸で美輪さんのかばんと靴が発見された。砂浜には波打ち際に沿って行きつ戻りつした足跡が残されていたという。入水自殺が疑われ、地元の漁業者は海岸の地形や潮の流れから遺体が沖合に出ることは万に一つもないと主張したが、海上保安庁や県警、漁協も動員した大規模な捜索でも何の手掛かりもなかった。

残されたかばんから、不可解なものが見つかった。国鉄（当時）大阪駅発行の急行券。改札のパンチや車内での検札の跡がない。また急行券は「150キロ圏有効」だが、大阪から弁天浜の最寄り駅までの営業距離は約193キロで、その範囲を大きく超える。このため美輪さんは別の場所で拉致され、弁天浜に来たと偽装するため何者かが急行券をかばんに忍び込ませたのではないかとの疑いがある。近隣の海岸では74年に北朝鮮工作員2人が逮捕される事件も起きている。

84年6月には「図書館に行く」とバイクで山梨県甲府市の自宅を出たまま山本美保さん（同20）が姿を消した。4日後に遠く離れた新潟県柏崎市の海岸で美保さんのセカンドバッグが見つかった構図は美輪さんのケースと酷似している。

美保さんの自宅に無言電話がかかり始めたのは失踪の半年後。3年4カ月後と3年6カ月後の2回の電話は15分ほど続き、相手は家族の呼びかけをただじっと聞いている様子だった。後者の電話では、すすり泣くような声も聞こえたという。

99年に脱北した北朝鮮国家安全保衛部の元幹部は、対日特殊部隊で見かけた女性が美保さんそっくりだったと証言している。通信事情が悪い80年代の北朝鮮で国際電話をかけられる場所が多いとは思えないが、4年半も続いた電話は人目を盗んだ美保さんの生存の証明だったのだろうか。

この元幹部は同じ部隊で、91年4月に埼玉県浦和市（当時）で行方不明となった佐々木悦子さん（同27）も目撃したと明言している。日本からの電波を傍受する専門セクションで、タイプのようなものを打っていたという。際立った美貌だったため強く印象に残ったと語っている。

ほかにも73年7月に千葉県市原市で失踪した古川了子さん（同18）を91年に平壌の工作機関所属の病院で、65年6月に東京都北区で姿を消した坂本とし子さん（同22）を北朝鮮の炭坑の町で見たとの脱北者の証言もある。一方で62年4月に現在の千葉県旭市で行方不明となった加瀬テル子さん（同17）のように、脱北者が北朝鮮から持ち出した写真の女性が同一人物の可能性が高いとみられたが、後の警察庁の調査で別人と確認されるなど、特定失踪者の消息に一歩近づいたかと思うと再び遠ざかる、そんなもどかしさの中で時間だけが過ぎていく。

さらに奇々怪々なケースもある。98年4月6日、新潟県長岡市の自宅から失踪した中村三奈子さん（同18）。高校を卒業したばかりの三奈子さんは同日午前、予備校に入学金を納めに行く予定で家を出たまま戻らなかった。身の回りの品は手つかず。ただ入学金50万円が入った封筒は3万円だけが抜かれ「3万円借りました。私の通帳からおろしてください」とのメモが見つかった。

以後の展開は、にわかに怪談めく。翌7日午前、三奈子さんが新潟空港からソウルへ出国した記録が大韓航空に残っていたが、旅行会社によると、中村三奈子を名乗るハスキーな声の女性からひどく慌てた様子で予約の電話があり、出発当日、空港で搭乗券を受け取ったのは三奈子さん像とかけ離れた派手なブラウスの女性だったという。

無論、全ての特定失踪者が北朝鮮に拉致されたと言い切るつもりはない。ただ、考える。なぜ私たちの国は、街は、この人たちを見失ったまま歳月を重ねたのだろう。そしてこの人たちは今、どこにいるのだろう。

２００２年の日朝首脳会談で北朝鮮の金正日総書記が日本人13人の拉致を認め、さらなる拉致被害者の存在への疑いが強まった。しかし何の進展もないまま間もなく20年、社会の関心も薄れ前世紀の失踪者たちは再び時の裂け目に埋もれようとしている。

＊　＊　＊　＊　＊　＊　＊

特定失踪者が姿を消したのは70〜80年代が特に多い。もし彼らがその後の数十年を、北朝鮮で生をつないできたのだとしたら、と想像することがある。

金日成・金正日親子の死去、数十万とも数百万ともいわれる餓死者を出した90年代の「苦難の行軍」、核実験やミサイル発射による極度の国際的緊張、そして日朝首脳会談と拉致被害者5人の帰国……。そんな独裁国家の特異な歩みを、彼らはどのような境遇で、どんな思いで見つめていたのだろう。消息を求め続けた家族も高齢化した。もう本当に時間がない。

あとがき　〜やがてくる日に

スマートフォンのナビゲーションアプリはもちろん、学生の私は携帯電話もまだ持っていなかった。住所だけを頼りに地元の方々に幾度も道を尋ね、大汗をかきながらようやく目指す組合事務所にたどり着いた。元号が昭和から平成に改まった翌年の、夏の終わりのことだ。

福岡県大牟田市の三井三池炭鉱。当時、日本各地の炭鉱は相次いで閉山の憂き目に遭っていたが、かつて日本一を誇った三池鉱はまだ辛うじて出炭が続き、街には「炭住」と呼ばれる棟割りの木造住宅群が残っていた。1960年の三池闘争について知りたいと突然飛び込んできた闖入者を、温かく迎え入れてくださった三池労組の方々には感謝の思いしかない。「総資本対総労働」と呼ばれ、思想家・谷川雁が「熱き泥の激突」と評した戦後最大の労働争議からすでに30年が経っていた。

そこで教わったひとつの詩が、色褪せた大学ノートの片隅に残っている。最盛期には組合員2

万5000人を擁し、戦後労働史にその名を刻む三池労組。「やがてくる日に」と題するこの詩は、三池闘争の最終局面で、ある活動家が紡いだものと聞いた。私自身もその後、現在まで幾度となく思い返すことになった詩である。

「やがてくる日に」

やがてくる日に
歴史が正しく書かれる　やがてくる日に
私たちは正しい道を進んだといわれよう
私たちは正しく生きたといわれよう

私たちの肩は労働でよじれ
指は貧乏で節くれだっていたが
そのまなざしは
まっすぐで美しかったといわれよう
まっすぐに　美しい未来をゆるぎなく
みつめていたといわれよう

はたらくものの　その未来のために
正しく生きたといわれよう

日本のはたらくものが怒りにもえ
たくさんの血が
三池に流されたといわれよう

1997年の三池炭鉱閉山後も組合員の再就職支援や、かつての炭じん爆発事故に伴う一酸化炭素中毒患者への支援を続けてきた三池労組は2005年に解散した。しかし私は今も、この詩を走り書きしたノートを折に触れて開く。ジャーナリストという仕事に、もし幾らかでも意義があるとするなら、まさにこの詩の精神ではないかと強く感じるからだ。

世の中の矛盾を追いかけ、未解決の問題を指摘しても、それを目にする人々の空腹がすぐに満たされるわけではない。明日から経済的に豊かな暮らしがひらけるわけでも、目の前の困難や悲しみが消えてなくなるわけでもない。何よりデジタル空間も含めて日々、膨大な情報や言説が溢れる現代では大海の一滴にもならないだろう。

ただ、考える。いつになるかはわからないが「歴史が正しく書かれる　やがてくる日」、せめて私たちの「まなざしはまっすぐ」だったと振り返られるための、そのよすがにわずかでもなれば書き散らした駄文の数々にも意味があるのかもしれない。本書も、そんな思いで編んだものである。

私などが言うのは全くおこがましい限りだが、ジャーナリズムに携わる人間が持つべき資質のひとつに「物忘れの悪さ」があるように思う。

世間の大方の人々がとうの昔に思い出すことをやめてしまった問題を、いつまでもしつこく覚えていて、粘り強く見つめ続けること。特に権力を持つ為政者や社会的強者が早く過去のこととして処理したがる事がらをずっと忘れることなく、事あるたびごとに世間に問うていくのは記者の最も重要な仕事のひとつではないだろうか。

本書でも国鉄分割民営化の是非、北朝鮮による拉致の疑いが拭えない特定失踪者問題、福島第1原発事故の廃炉の行方、加計学園問題で政府答弁と愛媛県文書との矛盾点などに繰り返し触れてきたが、とりわけ75年前の戦争の痕跡は何度採り上げても十分ということはない。

もちろん無力感には度々襲われる。政権批判には唇寒しの風潮ますます強く、戦禍の記憶に向き合えば自虐だと歴史修正の礫が飛んでくる。何しろ沖縄戦の惨禍を基に辺野古新基地に異議を唱える県知事に、時の為政者（官房長官当時の菅義偉首相）が「私は戦後生まれだから、歴史を持ち出されても困る」と臆面もなく言い放つご時世なのだ。だがそんなとき、沖縄で骨太なテレビドキュメンタリーを長年、制作し続けた森口豁《かつ》さんの、こんな文章に頭を叩かれる思いがする。

「軍備にしろ、原発にせよ、教科書にしろ、政治の側、行政の側から既成事実がどんどん積み重ねられつづけている。おかしい、そんなはずでは、そこまで時の政権に負託していないのだが……と思っていても、国民の側はその歯止めの手段を持たない。（中略）そうした独断的既成事実の前でマスコミが中立を装ってどうする。天秤が大きくどっちかに傾いているときに、真ん中で支えたって水平にはならない。対等な重石をもう片方にぶら下げなければならないことはいうまでもない」（『沖縄　こころの軌跡　1958〜1987』マルジュ社、1987年）

本書も、ささやかでも重石になり得れば望外の喜びである。

まえがきで、日本という吊り橋はこの5年余、時に大きく揺れ、時に霧に包まれ、時に薄日も射したと書いた。しかしその傍らに、常に深い《闇＝ノワール》が纏いついていたように思えてならない。この国の権力構造や精神風土の底深く横たわる《闇》に、これからも目を凝らしたい。

最後に、本書の出版にご尽力頂いた鹿砦社の松岡利康代表、『紙の爆弾』の中川志大編集長、『季刊高知』の野並良寛編集長に深く御礼を申し上げたい。

2021年　春浅き日

岡本萬尋

［著者プロフィール］
岡本萬尋（おかもと・まひろ）
1970年、高知市生まれ。朝日新聞記者、政党機関紙記者などを経てフリージャーナリスト。永田町をベースに政治記事を発表する傍ら、昭和史など近現代史の実像を探求する取材・執筆をライフワークとして続けている。現在、月刊誌などで5本の連載コラムを持つ。

ニッポン・ノワール 2021　日本現代史からニュースを読み解く60篇

2021年3月25日　初版第1刷発行

著　者――――岡本萬尋
発行者――――松岡利康
発行所――――株式会社鹿砦社（ろくさいしゃ）
本社／関西編集室
〒663-8178　兵庫県西宮市甲子園八番町2-1　ヨシダビル301号
Tel 0798-49-5302　Fax 0798-49-5309
東京編集室／営業部
〒101-0061　東京都千代田区神田三崎町3-3-3　太陽ビル701号
Tel 03-3238-7530　Fax 03-6231-5566
URL　http://www.rokusaisha.com/
E-mail　営業部 sales@rokusaisha.com
編集部 editorial@rokusaisha.com

カバーデザイン――BOOLAB.
印刷・製本―――――中央精版印刷株式会社

ISBN978-4-8463-1393-7　C0036
落丁・乱丁本はお取替えいたします。
お手数ですが、弊社までご連絡ください。